リーダーの研究

日本経済新聞運動部＝編

日本経済新聞社

リーダーの研究　目次

第1章　これがプロフェッショナルの指導力だ

第2章　五輪で勝つ鉄則「日本人の強みを引き出せ」

第3章　勝利の方程式「いかにやる気にさせるか」

装画　横山　明
装幀　多田和博

彼・彼女らは気づいている。
与えることより、与えないことの大切さを
教えることより、教えられることの喜びを

第1章

これがプロフェッショナルの指導力だ

岡田武史――横浜F・マリノス監督

勝利の神は日常の細部に宿る

おかだ・たけし　1956年8月25日、大阪府生まれ。80年早大から古河電工（Jリーグのジェフユナイテッド市原の前身）に入り、DFとして活躍。85年まで日本代表。90年に現役引退。ドイツへのコーチ留学を経て、市原でコーチに。94年に日本代表コーチとなり、W杯予選途中の97年10月に監督に昇格。日本サッカー史上初のW杯出場を果たす。99年監督に就任したJリーグ2部（J2）コンサドーレ札幌を2年で1部（J1）に、2002年12月に監督に就いたJ1の横浜F・マリノスでは1年目で完全優勝を達成した。

Jリーグ優勝への第一歩はロッカールームの掃除から

横浜F・マリノス（横浜M）監督の岡田武史は、不思議そうに横浜国際総合競技場の電光掲示板を見上げていた。チームがジュビロ磐田に逆転勝利を収めた直後。そこにはロスタイムに同点に追いつかれ、茫然と立ちつくす鹿島アントラーズの選手の姿が映し出されていた。

史上まれにみる大混戦となった2003年Jリーグ第2ステージ。11月29日の最終節は磐田、鹿島、横浜M、ジェフユナイテッド市原の上位4チームに優勝の可能性があった。3位横浜Mが優勝するには、目の前の首位磐田に勝ち、2位鹿島が浦和レッズに引き分けるか負けるという条件をクリアしなければならない。優勝の望みはかなり薄い。しかも試合が始まると、開始2分に失点し、15分にGK榎本哲也が一発退場。大一番に水を差す愚かな行為だった。が、それでも最後まで闘争心を失わなかった横浜Mに勝利の女神が舞い降りた。同点に追いつき迎えた後半ロスタイム。磐田ゴール前にふわりと浮かんだボールを、FW久保竜彦が逃さず頭でゴールへ。その数分後、鹿島ドローの報が届いた。ピッチ上に選手の歓喜の輪ができる。それを見て、ようやく事態をのみ込めた岡田も駆け足でその輪の中に飛び込んだ。

オレに向かってくる選手は見捨てない

闘志あふれるディフェンダーから指導者に転じて10年余。その間、ワールドカップ（W杯）フランス大会に日本を初めて導き、その後、Jリーグ2部（J2）の札幌を2年で1部（J1）に押し上げた。一つひとつ答えを出すごとに、岡田の視野は広がり、思考は深まる。そして２００3年、リーグ屈指のビッグクラブ、横浜Mでは就任1年目で両ステージ制覇という偉業を成し遂げた。

勝利の神も細部に宿ると確信する。「勝負事は小さなことの積み重ねなんだ」。２００2年末、横浜Mの監督になった岡田が最初に手をつけたのは選手のロッカールームの掃除だった。用具が部屋に散乱していた。

念頭にあったのはニューヨークの逸話。地下鉄にはんらんする落書きを、ひたすら消した人々の物語だ。いたちごっこを繰り返しながら、めげずに消し続けることで、やがて誰も落書きをしなくなり、同時に街の治安も改善された。

岡田はロッカールームの乱れに、勝利への執着心に欠けるクラブの体質を重ね合わせた。豊かな資金力を誇る横浜Mは、イタリアに渡った中村俊輔（レッジーナ）らタレントを潤沢に抱えていた。パス回しの巧みさは磐田、鹿島のリーグ二強に引けを取らない。しかし最も大切なゴールへにじり寄る迫力が乏しかった。「外から見ていると、ボールのないところに空走りしたり、泥臭いプレーをする選手が少ない。『山の手』のきれいなサッカーという印象」。ロッカールームの掃除だけで強くなるわけではないが「自分の身の回りのことができないで、いい練習などできない」と、ピッチに至るまでの心構えの大切さをまず説いた。

練習中のランニングでは、１メートルでも近道する選手を容赦なくしかった。選手の中には、グラウンドに置かれた走路の目印となるコーンの内側を、ズルして走る者がいた。「オレは運を逃したくない」が口癖で、その1メートルの妥協が球際の1ミリの弱さに表れ、試合を落とす原因になることを知っていた。

「死ぬ気で勝ちます、優勝しますと何ぼ言っても、遠い未来のことを夢想するだけで優勝できるはずがない。やれることは結局、日ごろのコンディションをきっちり管理し、練習に集中して、試合でベストを尽くすことしかない」

練習に来たらあいさつをする。移動のバスでは携帯電話を使わない。そうしたことを積み重ねれば、選手も、スタッフも気持ち良く練習や試合に入ることができ、自ずと効率も上がるという。

フロントにも釘を刺した。以前は負けがこんだり、出番が減って不満を抱く選手がいると、クラブの幹部が食事に誘うことがあった。フロントと選手が傷をなめ合うぬるま湯体質。

「横浜Mは前身の日産時代からの伝統があり、フロントもきちっとしたノウハウを持っている。ただ、チームに来て最初に感じたのは選手を甘やかしているように見えたこと。食事会にしても選手の逃げ道になっているように感じた。選手は優しくしてくれるほうに流れるからね」

岡田はそうした食事会を禁止し、もし選手を連れ出す場合は岡田の許可を必要とした。監督は選手全員を平等に扱おうと心掛けているのに、選手がクラブ幹部と監督の頭越しにつながって「オレは別格」などと思っていたらロクなことはない。プロとしての緊張感をフロントにも促し、チーム全体の意識改革を進めようとした。

チームにうるさく言うだけでなく、自分を磨くことも岡田は忘れなかった。最も重視するのはシーズン最初の全体ミーティングだ。シーズンの方針を発表するその場で、「選手に『おっ、このおっさん、ちょっと違うぞ』と思わせ、目をこちらに引きつける話ができるかどうかが指導者の勝負」だという。1時間ほどの施政方針演説のため、あらゆるジャンルの本を読み、チームのデータを検証する。年末には海外のサッカーに刺激を求める。「いい話ができるかどうか不安で、怖くて休んでいられないよ」と笑う。

横浜Mの1年目は「年間勝ち点54、年間ゴール数55」というマニュフェストを掲げた。年間総合2位になった前年のチーム年間ゴール数は44。一気に11も目標をかさ上げしたのは、得点への選手の意識を高める目的があった。横浜Mゼネラルマネジャーの下條佳明によると「岡田監督のミーティングは分かりやすい言葉を使い、同じリズムで選手に語りかけている」という。高度な戦術を選手に授ける以外に、まるで高校生に語りかけるように「最後までひた向きに」「一対一で絶対負けるな」と、戦う基本の精神も伝えてきた。

2003年3月21日。リーグ開幕戦となる磐田戦は、ゴールを目指す「ニュー・マリノス」への脱皮がうかがえた試合だった。7分、9分に立て続けに得点したが、リードしてから昨年までの淡泊な性格が顔を出した。次第に横や後方へのパスが増え、それに反比例するように大胆な動き出しが減っていく。11分に失点、26分にはDF松田直樹とGK榎本哲との息が合わず、同点にされた。受けに回るとぼろが出る典型のような前半の内容に、「前線から取りに行け、奪ったらサイドを狙え」と岡田はカツをいれた。まるで半べそをかいた子供に「けんかに負けて帰ってくるな」としかる親のように。その甲斐あって、48分にMF奥大介、69分はFWマルキーニョスが得点し、4―2で前年の覇者を退けた。気弱な子供が「僕でもけんかに勝てるんだ」と自信を抱いた試合だった。

選手に自分の持ち味を意識させると、弱いところも次第にうまくなってくる

コーチになりたてのころの岡田は、引率タイプの指導者だった。市原のコーチ時代、守備の苦手なボランチの選手のために、居残り練習で手取り足取り動きを教え、彼専用のビデオを作ったりもした。だが、期待もむなしくその選手は全く伸びなかった。「選手がうまくなろうと工夫する余地を奪ってしまった」。そんな苦い体験を下敷きに「選手の成長の邪魔をしないのが監督の務め」だと考えるようになった。自分の特長を生かすためのヒントを与えるにとどめ、そこから先は自分で考えさせる。

例えば、出場機会がほとんどなかったMF大橋正博には「巨人(現中日)の川相(昌弘)にはバントがある。お前の売りはなんだ」と尋ねた。大橋は自分をパスの出し手と認識していたが、もはやチームはパス回しを誇るだけのカラーではなくなっている。全員が90分間、激しく走り回って相手を圧倒する。「足の速さを生かしてパスの受け手に回らないと生き残れない」。気持ちを切り替えた大橋はシーズン終盤、プロ6年目でJ1初ゴールを挙げた。

一軍だけを見るつもりは毛頭ない。

「オレのことを嫌いなヤツはいっぱいいると思う。でもオレはシーズンの最初に選手に言ってあるんだ。オレのことが嫌いでも、オレに向かってくる選手は絶対に見捨てない、と。シーズンを通して、選手一人ひとりがどうやったらいいかを考えているし、一年たったらどの選手もうまくなったと言える自信もある。もし、試合に出られないと腐るのなら自由に移籍してもらってかまわないともね」

岡田はシーズン当初から、ベテランMF上野良治に代えてボランチに2年目のDF那須大亮を抜擢した。上野は高い能力を備えた天才肌のプレーヤーだが、ある意味で「山の手サッカー」を象徴する

選手だった。那須はボールテクニックは上野の足元にも及ばないが、一対一に強く、大声で仲間を活気づけたり、持てるものすべてをチームに捧げるメンタリティーがある。アグレッシブに戦うという岡田の色を出すにはうってつけの選手だった。ポジションを奪い取った那須は、試合の経験をスポンジのように吸収し、Jリーグの新人王を獲得。U—23（23歳以下）日本代表にも選ばれ、五輪アジア最終予選にも出場。チームには、なくてはならない存在に成長した。

監督が代わり、レギュラーの座を召し上げられれば、たいていのベテランは「面白くない」と腐ってしまう。だが上野は違った。ケガもあって第1ステージ途中から全く出番はなかったが、気持ちを切らさず第2ステージ第14節でベンチ入り。完全優勝を決めた磐田戦では1人退場で10人になった後に投入されたが、慌てず騒がずクールに試合を落ち着かせる役目を果たした。上野は2004年も横浜Mとの契約を更新した。

選手をプロと認め、長所を組み合わせながら試合に臨む。その方がチームに活力が生まれることを実感したのは札幌の監督時代だったという。「選手に自分の持ち味を意識させると、弱いところも次第にうまくなってくる」。当時、守備の不得手なFWウィルを攻撃だけに専念させた。すると試合を追うたびに自信が増幅され、攻撃はもちろん守備も積極的にするようになった。「毎日欠点ばかり言われていたら、選手は面白くなくなるよね。練習に来ても、つまんねえって思ったらうまくなるはずがない。オレは選手に生き生きと楽しくプレーをしてほしい」という思いがある。

チームにはスランプに苦しんでいる選手もいる。彼らをどう扱うか。「冷たいようだが、泥沼にはまっている選手に手を貸すつもりはない」。自分ではい上がるきっかけを見つけるまで、辛抱するのも監督には必要だと岡田は言う。覇気が見えなければ、練習中でも帰宅させたことがあった。

頑張る人間が冷笑される体質が逆方向に変われば、笑っていた人間も必死になる

代表監督時代、よく「監督業は孤独」とこぼした。全責任を負い、独りで決断を下す監督の仕事には大きな重圧が伴う。それが今は「もう慣れた」と笑う。「やっぱり経験だね。これで失敗したら、オレがダメだった、仕方ないと思えるようになってきたんだ。だから昔より決断が速くなったんじゃない」。

代表監督のころのような、ぴりぴりした空気を今はまとっていない。現役時代からかけている眼鏡姿が、理論家の精神主義者という趣を醸し出してはいるが、「最初はオレのことを怖いと思っていた選手も、時には面白いことも言うし、結構いいかげんな人間だなと分かってきたみたい」。

こんな笑い話がある。第2ステージの大分トリニータ戦（大分・ビッグアイ）で、1―0でリードしながら、試合終了間際の相手CKで同点ゴールを献上した。守りに入り損ねた自分の采配ミスを悔い、深夜まで酒を浴びたのがいけなかった。朝起きられず、集合時間に遅刻した。選手にはいつも時間にうるさい。翌日、「オレは監督失格だ」と選手に頭を下げ、罰金30万円を支払った。

チームの変化を明確に感じ取ったのは第2ステージのセレッソ大阪戦（国立競技場）だった。前半、MF佐藤由紀彦が2枚目の警告で退場し、残りの67分を10人で戦うことになった。しかも27分に先制され、一時は同点に追いついたが、前半終了間際に勝ち越される苦しい展開。それでも選手はひるまず、84分にDF柳想鉄の執念のゴールで引き分けに持ち込んだ。死力を尽くした選手たちは試合後、ロッカールームで大の字にぶっ倒れ、胃の中のものをもどしている者もいた。

「こんなシーンは指導者になって初めて見た。勝ち点1以上に、そこまでやってくれた選手を誇りに思う」。記者会見で興奮を抑えながら話した岡田は、一丸となったチームにずっしりと手応えを感じた。

「根性論と言われるかもしれないけど、今シーズン貫いてきた、目の前の敵に絶対に負けない、最後まであきらめない姿勢が、血となり肉となった気がしたね。チームのためにひたむきに戦い、そうして得られる感動を、彼ら自身が感じてくれたのがうれしかった。一度その味を覚えると、また味わいたくなる。そうなればもう大丈夫なんだ」

サンフレッチェ広島から鳴り物入りで迎えたストライカー、久保もシーズン当初は不発だったが、野生の馬のように力強くゴールへ向かうようになった。「地下鉄の話と同じだよ。頑張る人間が冷笑される体質が逆方向に変われば、笑っていた人間も流れに乗り遅れまいと必死になるもんさ」。最終節の磐田戦で決めた逆転ゴールは横浜Mが粘着力のあるチームになった証しでもあった。余勢を駆った久保は、2003年12月の東アジア選手権でも日本代表初ゴールを挙げ、2004年2月のW杯アジア一次予選のオマーン戦でも貴重な決勝ゴール。岡田がシーズン中に抱いていた「もっと欲を出せば、もっとすごい選手になれる」という久保への思いも、徐々に解消されてきたのかもしれない。

ロッカールームは就任当初より、整然としてきた。しかし岡田は「選手が練習場に来れば、自然と床を磨きだすくらいじゃないとね」と満足していない。それは、1年完全優勝したくらいで満足するな、というメッセージでもあるのだろう。視線はすでに前を向いている。横浜Mを磐田、鹿島の2強と肩を並べる「ストロング（常勝）チーム」に。そして、誰もが強さを認める「グレート（偉大な）チーム」に時間をかけて昇華させる。

最後に気になる質問を。

――再び代表監督に就くことは？

「それは自分では絶対にやらないと思う」

岡田は笑って取り合わない。しかし……。

２００２年日韓W杯を解説者として見て回った岡田は、決勝トーナメント１回戦でトルコに敗れた日本の戦いぶりに、むなしさと寂しさを覚えた。

「選手がなぜか燃えていなかった」。日本がW杯で上位に勝ち上がる千載一遇のチャンスを逃した同じ日、韓国はイタリアを破った。その夜、岡田はかつてないほど痛飲し、朝、目が覚めると、下着姿で仙台のホテルの廊下に転がっていたという。

岡田の日本代表への思いは深く静かにくすぶっている。誰にも負けないその思いが、何かの拍子に大きな炎となって燃え上がっても何の不思議もない。

◆記者が見たリーダーの素顔◆

岡田監督と向かい合っていると、サッカー以外の話が頻繁に飛び出してくる。環境、文化、教育、宗教……。この人は本当にサッカーの監督なのかを疑いたくなるほど、話題の引き出しを持ち、しかも、どの話も熱っぽく語る。一番印象に残ったのは、監督の仏教観について聞いた時。「仏教には『ほどほどに』という精神があるそうで、オレはそれがいいと思っている。人間には欲望があるから、きれい事だけでは生きていない。時には嘘をつくでしょ。でもそれを認めた上で成り立っているのが仏教なんだ。建前ばかりでは世の中はギスギスする」。勝ち組とか負け組とか、何でも選別してレッテルをはりたがる現代社会の余裕のなさがかなり不満らしい。

星野仙一——前阪神タイガース監督

猛虎を復活させた天性の「経営者」

ほしの・せんいち　1947年1月22日、岡山県倉敷市生まれ。明大から69年に中日入り。ドラフト指名の約束を破った巨人相手に気迫あふれる投球を見せ、江夏豊と並ぶ巨人戦35勝をマークした。75年に17勝5敗4セーブで最高勝率のタイトルを獲得。87年から91年まで中日を率い、88年に監督として初のリーグ優勝。解説者を経て、96年に中日の監督に復帰。99年にもリーグ優勝。2002年から阪神監督に。2003年にチームを18年ぶりの優勝に導き、シーズン後、健康上の理由で勇退。2004年から「オーナー付シニアディレクター」として同球団を側面支援する。

僕はよく闘将と言われるけど、グラウンドに出れば当たり前。自分では知将だと思っている

「勝ちたいんや」で始まり、「あ〜、しんどかった」で阪神タイガースの監督生活は終わった。

2003年、チームを18年ぶりのリーグ優勝に導き、ダイエーとの日本シリーズ後、星野仙一は退任を公にした。試合中に急激に血圧が上がる症状が続き、翌年も采配を振ることは難しいと判断。潔くユニホームを脱ぎ、守備走塁コーチで阪神OBの岡田彰布にバトンを渡した。

「(阪神の監督を務めた）2年は短いと思われるかもしれない。でも私には5、6年を費やしたように思える。結果は予想以上に早く出たが、今シーズンは6月から非常に長く、きつかった」

頼りなげなフロント、苛烈なマスコミ、熱狂的なファン、何かと口を挟みたがるＯＢ……。この老舗球団を取り囲む、さまざまな圧力と向き合いながら、長年低迷していたチームを立て直した。

「ほかの球団の監督をやった人でないと、違いは分からない。阪神の監督には想像を絶する精神力、体力がいることを痛感した」

その言葉を聞いて思う。星野は「強い監督」を演じてきたのではないか、と。

星野は、ここぞという場面で選手を抱擁した。

優勝を決めた9月15日。デーゲームの広島戦（甲子園球場）ではサヨナラ安打を放った赤星憲広を、ベンチの前でぐっと抱きしめた。阪神監督1年目だった２００２年の開幕戦で、巨人を失点1に抑え完投勝利を挙げた井川慶もしかり。いずれもその試合で最も働いた選手だったし、星野自身も心の底から喜びが湧き上がったのだろう。こうしたシーンをライブで、またマスコミの報道を通じて触れた選手やファンは「やっぱり監督は選手を大事にしているな」という印象を受けたはず。ほんの数秒の行動だが、それだけでチームやファンの気持ちを引きつけた。

話術も絶妙だ。

「阪神ファンが、いとおしい」といったセリフを照れもせず言える。「自分の中から自然と出るんだ」と星野は言う。初対面に近い人間にも胸襟を開いて語り、虜《とりこ》にする〝仙術〟。阪神の球団社長を務める野崎勝義は「立候補すれば、今すぐにでも政治家や知事になれる」と語る。

ベンチの中に絶えず刺激を与え続けてきた

ベンチの中に絶えず刺激を与え続けてきた。2002年のシーズン序盤、赤星憲広に外野の定位置を取られた浜中おさむに、「今は我慢しておけ、そのうちチャンスが来るから」と耳元でささやき続けた。すると赤星が自打球を当て右足を骨折。先発の機会を得た浜中は4月20日の巨人戦でいきなり本塁打を放った。浜中は「あの言葉で頑張れたし、腐らずやってこれた」と監督に感謝した。2003年も、片岡篤史とアリアスを同じ三塁のポジションで競わせ、闘争心をあおり続けた。

「オレは減点主義者ではない」と言い、選手に失敗を恐れさせないのが育成の基本にある。「技術的なミスをした選手に、オレは一度も怒ったことがない」。チーム内の競争に勝ち抜くため、選手の挑戦する意欲を大切にする。半面、ボーンヘッドやつまらない与四球は容赦なくしかった。時にはベンチを蹴り上げ、周りの選手にも「同じミスをするな」と身をもって伝えた。

2003年のシーズン前、優勝するだけの力はまだ備わっていない、と率直に話していた。しかし、一度勝ち始めると波に乗る高校生のように、阪神の勢いは止まらなかった。7月8日にリーグ史上最速となるマジックナンバー「49」が点灯。前半戦を貯金35と大きく勝ち越して折り返し、独走態勢のまま9月にゴールテープを切った。シーズン87勝（51敗2分け）は球団史上最多の数字である。

監督を退いたあと、星野の肩書は阪神の「オーナー付シニアディレクター（SD）」となった。SDとは球団によると「現場を指揮する以外のすべてのこと」だという。広く深い人脈を生かした選手獲得の支援や、営業部門へのアドバイス、マスコミを活用した球団のアピールといった、いわばゼネラルマネジャー（GM）兼広報部長のような役割を担う。それだけにとどまらず、球界の発展のために積極的に「外」にも意見していく。体がいくつあっても足りない気がするが、実はこれらの仕事、現場を受け持っていた監督時代からすでにやっていたものばかりである。

「僕はよく闘将と言われるけど、グラウンドに出れば闘将なんて当たり前。自分では知将だと思っている」

星野は以前、そう話したことがある。その心は「トレードとか選手の獲得に、僕はちゃんと頭を使っているんだ」。2002年のシーズンオフ、阪神は登録選手の約3分の1にあたる24選手を入れ替えた。ベテラン投手の星野伸之、伊藤敦規、遠山奨志らに引導を渡し、若手でも芽の出ない選手には第二の人生を歩ませた。

一方で広島からフリーエージェント（FA）宣言した金本知憲や、メジャーリーグに挑戦していた伊良部秀輝ら大物選手を次々にとり、ドラフトやトレードも積極的に活用した。本来、監督が指摘したチームの弱点を埋めるのは、球団フロントの仕事である。だが、「メジャーリーグのGMがやる選手補強の仕事を、日本は監督がしないといけない。だから大変だよ」と苦笑い。続けて、「(阪神電鉄）本社から多額の援助を受けたと言われたが、そうじゃない。例えば5000万円のうちの選手と3000万円の選手をトレードしたら、2000万円のカネが浮くだろ。そういうやり繰りを僕はちゃんとやってきたんだ。金本の獲得も、外国人やベテラン投手の退団で捻出した金を充てた」と胸を張る。球団社長の野崎によると、大幅な異動があったにもかかわらず、結局は球団単独の予算でまかなえたという。選手の特長だけでなく、年俸まで細かくチェックし、メジャーを含めた海外の球界まで目を光らせる。経済に関心を持ち、日本経団連の奥田碩会長らとも親交のある星野らしい一面がうかがえる。

野崎も星野のGM的手腕を以前から評価していた。1997年、中日の監督だった星野に初めて会った時のことだ。その当時、両球団の間で中日の大豊泰昭と矢野輝弘、阪神の関川浩一、久慈照嘉の2対2の交換トレードが水面下で進められていた。だが球団内部の意思統一が図れず、いったんは白紙に戻すことを決めた阪神は、当時営業担当をしていた野崎を、編成部門の人間に代わって中日との交渉の場に送った。野崎がその旨を説明すると、星野は「だから阪神は弱いんや！」と一喝した。他方、野崎は交渉の窓口役を務めた星野を見て、「この人が中日全体を仕切っているんだな」と感じたという。その後、このトレードは成立。活躍の場を得た4選手は、チームに大きく貢献した。

低迷脱出へまずフロントの危機管理

頭に浮かんだアイデアはすぐに実行する。例えば、就任1年目の春のキャンプ。朝の体操の時間にチーム全員の前で、選手一人ひとりに今季の目標を宣言させた。初めての試みに選手は戸惑いながらも、大声で自分のテーマを語った。そうすることで、選手の意欲を感じ取ることができるし、言ったことに責任を持たせる意味もある。また担当記者と一緒にとる朝食の席に、自分に代わって新人選手を座らせ、大勢のマスコミに慣れさせることもした。

ホームスタジアムに球団史上初の３３０万人の観衆を集めた２００３年を、阪神は「営業の年」と位置づけていた。しかし、経営の一翼を担う球団の関連グッズを「金の卵」に変えようとする努力があまり見られないと感じた星野は、営業部門に「もっとしゃれたものにならないか」とアドバイスした。

優勝を決めると必ず行われるビールかけも、最近は選手や首脳陣がそろいのＴシャツを着て臨むことが多い。しかし球団の営業部門は製作に着手する気配はなく、しびれを切らした監督の方から提案した。営業の担当者が最初に持ってきた試作品は、胸に「Ｖ」の文字をあしらった味気ないデザインだった。これに星野は「こんなの恥ずかしくて着られるか！」。再度つくり直させ、前面に「ＡＣＨＩＥＶＥＲＳ（達成者）」の文字の入った商品に仕上がった。このＴシャツは50万枚の売り上げを記録した。

この年、阪神は商標を自由化したことでグッズの品目が一気に増え、売り上げも野村克也監督の最終年だった2001年に比べ約10倍に膨れあがった。阪神承認のグッズは価格の4%が球団に、選手や監督の個人名が入ると彼らに別途、数%支払われるよう、各メーカーと契約を交わしている。2、3年前にはほとんどいなかった「億円」選手が急激に増えたのは、ファンの購買意欲のおかげでもある。

阪神は「オフの主役」と揶揄《やゆ》されるほど、シーズンが終わるたびに、フロントや監督、選手らが絡むお家騒動が起こった。星野が監督を引き受けた直前にも、夫人の逮捕により野村監督が辞任。星野の片腕になったコーチの田淵幸一も現役時代の78年オフ、異例ともいえる深夜に西武へのトレードを通告された。球団のお粗末な対応は地元マスコミの格好の標的に。タイヤのあちこちに穴が空き、安定感を欠いた車が、ガタガタと揺れながら走っている。そんなイメージの体質を星野は変えたかった。

監督要請を受けた際、球団オーナーの久万俊二郎に「フロント改革についても、言いたいことは言わせてもらう」と迫った。「この球団はすぐに言った、言わないが問題になる。だから、約束事ははっきり文書化する」という同意も取り付けた。フロントと監督のわずかな意思疎通のずれが、チームの和を乱す原因になる。それを未然に防ぐことも、長い低迷脱出のカギになると感じていた。

「マスコミは戦力」と公言し、遠征先の宿舎ではほぼ毎日、担当記者とお茶を飲みながらコミュニケーションを図った。また、監督に就任した直後、OBへのあいさつ回りも忘れず、約束していた「後任はOBから」もきっちり守った。外野の勢力と適度な距離が取れなかった前監督の野村を反面教師にするように……。劇画『ゴルゴ13』を愛読し「いつ、後ろから撃たれるか、分からんけどな」

とうそぶく星野の危機管理能力が、この球団でフルに発揮された。

公正取引委員会のような外部組織を設置して、巨人の一極集中を防がないと

「巨人と阪神というのはプロ野球で最たる伝統のチーム。東西が強くなければ盛り上がらない」

現役時代から巨人に対して異常なまでの闘志をぶつけた。その気持ちは阪神の監督になってさらに高まった。阪神を触媒に、人気が下降気味の球界を再建するのも自分の仕事と考えていた。星野が関西に来た時、巨人の監督を退いたばかりの長嶋茂雄から「仙ちゃんは現場を引っ張ってくれ。僕は側面からサポートする」と背中を押された。もとより「そのつもりで引き受けたし、責任も感じている」。

それでも、星野の思いと裏腹に球界の構造改革はいっこうに進まない。イチロー（マリナーズ）や松井秀喜（ヤンキース）、松井稼頭央（メッツ）らを失っても、コミッショナーや各球団のオーナーは改革に向けて重い腰を上げようとしない。今後もスター選手の流出は必至なのに、危機に鈍感で変化を求めない機構のトップ、経営者の姿勢に、星野の怒りの矛先はしばしば向けられた。

ドラフトやFA制度の改善はもちろん、

「公正取引委員会のような外部組織を設置して、巨人の一極集中を防がないと」

「国有化じゃないけど、諸権利を球界全体で管理する〝球有化〟も必要じゃないか」

「市場開拓を求めて阪神―巨人戦を米国でやってはどうか」

実現にはほど遠い提言もあるが、「今、何かやらないと。若貴ブームが去った後の大相撲の停滞は

他人事ではない」という切なる思いが過激な提言を吐かせる。しかし球界トップの反応はのれんに腕押し。「空虚な心境になってしまう」と嘆いていた。2004年になって、ようやくプロとアマとの垣根を取り払う動きが緒に就いた。

「夢」という言葉が好きだ。その夢をわずか2年でかなえた。だが、新たな夢が内側に膨れあがっているのかもしれない。「阪神が強くないと発言に力が生まれない」と語った星野は、優勝で得たその力を、球界全体の活性化につなげる考えなのかもしれない。

現場から離れた今、星野の演じる舞台は日本球界全体に広がったのである。

◆記者が見たリーダーの素顔◆

星野監督に話を聞いたのは優勝した2003年のリーグ開幕の前日（3月27日）だった。急遽インタビューが決まり、恐縮しながら「30分でも」とお願いしたが、終わってみると90分も話していた。椅子にゆったりと腰をかけ、柔和な笑顔で語りかける。ベンチの中の怖そうな印象はかけらもなかった。その中でシーズンの結末を暗示するコメントがあった。

「リーダーとは自分を守ろうとせず、客観的に自分を見られる人。引き時はパッと引ける、その勇気を持たないと」

退任の報に触れたとき、監督のその言葉を思い出した。

イビチャ・オシム——ジェフユナイテッド市原監督

公平の原則を貫き、動ける者だけ試合に出す

イビチャ・オシム　1941年5月6日、現ボスニア・ヘルツェゴビナのサラエボに生まれる。アタッカーとしてストラスブールなど主にフランスで選手生活を送る。78年に監督業に転身。86年旧ユーゴスラビア代表監督に就任し、90年イタリア・ワールドカップはベスト8。92年欧州選手権は優勝候補に挙げられながら、内戦のために出場資格を剝奪された。ギリシャ、オーストリアのクラブで国内のカップ、リーグタイトルを獲得、2003年から市原の指揮を執り、短期間で中位が定位置のチームをトップ3の順位に引き上げた。

ノートなんか取るな。それより試合を見ろ。それが一番大事だ

グシュッという音が、ヤマハスタジアム（旧ジュビロ磐田スタジアム）の狭いロッカールームに響いた。水の入ったペットボトルが床にたたきつけられた音だった。

驚く選手たち。投げつけたのは自分たちの監督だった。視線を向けると、鬼のような形相で監督が仁王立ちしていた。

イビチャ・オシムは怒っていた。

求めるのは常に上を目指すパッション

2003年7月20日のJリーグ第1ステージ第13節。首位ジェフユナイテッド市原と2位磐田との直接対決。敵地に乗り込んだ市原は27分にグラウのゴールで先制されながら、後半猛反撃、50分崔龍洙、75分サンドロのゴールで逆転に成功する。ところが、そのわずか1分後、相手の素早いFKに対応できず、前田遼一に同点ゴールを許した。2―2の痛み分け。

わずかな気の緩みが同点にされた原因。それがオシム監督には我慢ならなかった。叱責と怒号を選手の頭上から落とす。前年の覇者ジュビロと激戦の末に引き分け、首位を守った――選手の中にあったそんな満足感、安堵感は瞬時に吹き飛んだ。着替えをすませたチームはそのままバスに乗り込み、静岡の磐田から千葉までの帰路についた。

お通夜のように静まり返った夜行バス。引き分けで積み上げた勝ち点1よりも、失った勝ち点2の重さ。勝ち点27で首位を守ったものの、3位から2位に浮上した横浜F・マリノス（横浜M）との勝ち点差はわずか1に。残り2節、ラストスパートでものをいうのはチームとしての経験。優勝経験のない市原が、何度も修羅場をくぐり抜けてきた横浜Mや磐田の追撃を振り切るには可能な限り勝ち点差を広げておくしかなかったのだ。

最終的に市原はこの後、横浜M、磐田にも抜かれて3位で第１ステージを終えた。オシムのすごい剣幕を思い出しながら、チーム関係者は振り返る。

「あの夜、監督だけが磐田に真剣に勝つ気で、そして優勝する気でいたのでしょう」

オシムが、韓国・慶尚南道南海郡の「南海スポーツパーク」でキャンプを張る市原に合流したのは２００３年1月28日のことだった。チームはすでに1月26日から同地でキャンプイン。通常、新シーズンの立ち上げの期日に新監督が遅参することはめったにない。遅れた理由は単純だった。クラブから監督就任が正式発表されたのが、ちょうど１週間前の1月21日。同クラブの祖母《うば》井《がい》秀隆《ひでたか》ゼネラルマネジャー（GM）が越年交渉の末に、口説きに口説いて契約書のサインにこぎつけたのだった。それから手荷物をまとめてのあわただしい着陣だった。

祖母井がそこまで執着したオシムとはいかなる人物なのか。

球歴は華やかだ。「東欧のブラジル」と呼ばれた旧ユーゴスラビア代表として16試合に出場（8得点）。１９６４年の東京五輪では日本相手にゴールを決めている。監督として旧ユーゴ代表を率い、90年のイタリア・ワールドカップ（W杯）はベスト8。準々決勝では、あのディエゴ・マラドーナを擁するアルゼンチンと対戦、退場者を出して10人になりながらアルゼンチンを追いつめ、無念のＰＫ戦で敗退した。天才ストイコビッチ、サビチェビッチ、シュケル、プロシネツキとビッグネームがきら星のごとく。このとき、オシムは代表監督として初めてクラブ閥や地縁を無視、能力主義の人選をして周囲を驚かせた。

「内戦ぼっ発寸前の空気が政治から押し寄せていたからこそ、民族を超えて友情で結ばれることは可能だと示したかったんだ。あのとき、政治がサッカーと同じ道を選んでいてくれたら悲惨な内戦は起きなかった」

クラブではオーストリアのシュトルム・グラーツを同国屈指の強豪に育て上げた仕事が有名だ。2002年9月にグラーツでの8年にわたる仕事を終え、ひと息ついていたところに祖母井GMが日参、その熱意にほだされて日本行きを決意したのだった。

実は2002年夏、オシムは日本にいた。国際サッカー連盟（FIFA）のテクニカルスタディグループの一員として世界各国の戦術・技術を分析する役目に就いていた。そのときのこと。サポートについていた日本サッカー協会関係者が試合を見ながら必死でノートを取っていると「ノートなんか取るな。報告書は後で私が言った通りに書けばいいんだ。それより試合を見ろ。それが一番大事だ」とオシムが叱る。そして試合を見ながら先々の展開を予測すると、眼前の試合はそのオシムの予言通りに推移していく……。

オシムが新監督になると聞いて、市原のコーチ陣は、その時サポートについていた協会関係者に尋ねた。

「どんな人なんですか」

「あの人はスゴイよ」

「何がすごいんですか」

「うーん、とにかくスゴイとしか言いようがない人なんだ」

誰も真似できない「反復を意識させない反復練習」

新監督は笛を持たない人だった。190センチを超す長身と鋭い眼光が周囲を威圧する。練習の進行は小倉勉、江尻篤彦両コーチに任せ、自分は静かに選手の動きを見詰める。コーチたちも笛をロッカーにしまい込み、肉声で選手を動かす。

「試されている」——。そんな緊張感がコーチ、選手の間にみなぎる。

2月23日のプレシーズンマッチ、柏レイソルとの「ちばぎんカップ」の後。新しいシーズンの開幕まで約1カ月。夕食にコーチ陣を誘い、オシムが聞く。「ジェフをどう思う。この駒で戦えると思うか」。「頑張ります」と答えるコーチ陣に「絶対に勝てるわけがない。いつも、そこそこの成績しか残せないチーム特有の甘さがある。上に登り詰めていこうとする野心に欠けている」と切り返す。「その通りです」と認めるコーチ陣。「そうか。それじゃ、私が勝てるチームにするよ」。そう言い切る監督にコーチ陣は度肝を抜かれた。

単なる大言壮語ではなかった。練習はハード。浴びせる言葉も容赦ない。毒舌家。鍛錬に次ぐ鍛錬。故障を心配するフロントや記者に言い放った。

「肉離れ？　ライオンに追われたウサギが肉離れを起こすと思うか」

「暑さ？　真夏の調理場で働くコックはもっと暑い中で働いとるよ」

弱音を吐く選手は出なかった。監督が公平の原則を貫いたからだった。例えばレギュラー格の選手がケガをしたとする。週中の練習を休めば、週末の試合には出られそうだ、という状態。普通のチームなら練習を休ませて試合には出す。オシムは違う。ベテランも若手も、レギュラーも控えも、外国人選手も日本人選手も一切区別しない。練習に参加し、動けることを証明した者だけ試合に出し続けた。

試合に出るメンバーもぎりぎりまで明かさない。通常のチームは試合前日の練習を先発組と控え組に分けて最終チェックを行う。オシムのやり方は違う。遠征なら18人連れていき、試合開始2時間半前に16人を出場登録するが、その18人の誰が試合に出るか、メンバー表を見るまで分からないこともあった。選手はぎりぎりまで緊張を持続し、練習に対する目の色も当然変わった。

練習のバリエーションも豊富。「頭の中に1000でも2000でもメニューはある」と豪語する。実際、祖母井GMは就任してから1カ月たっても、同じ練習が一つもないことに腰を抜かした。ある一つのパターンを習得させようとしたら、反復練習するしかないのがコーチングの常識。しかし、同じことを繰り返せば当然、選手は飽きてくる。そこに選手と監督・コーチの我慢比べが発生するのだが、オシムの場合は全くアプローチが違った。次々に練習メニューを変えて選手をまったく飽きさせず、それでいて選手の戦術眼、判断力、技術力、さらにはメンタル面での強さまで確実にアップするようなトレーニングになっていた。反復を意識させない反復練習。そして「後になって考えてみると、そのメニューには次の試合で戦う相手への対策までさりげなく盛り込まれていた」（江尻コーチ）。一見すると選手の走力と運動量を上げる練習、実は本当にへとへとになるのは頭の中だった。

ジェフの快進撃が始まると、他クラブのコーチから「どんな練習をしているのか」と探りが入るようになる。その度にコーチたちは「口では説明できない。とにかく見に来て、監督に聞いてくれ。監督も日本サッカーが強くなるならと見学を歓迎している」と答えた。何を見られても平気だと思った。メニューを見聞きして献立を同じにしたところで、オシムの「舌」はオシムにしかなく、同じようには絶対に調理できないと思えたからだ。

オシムは練習メニューを当日朝まで決めない。これもコーチ泣かせ。それまでは前日のミーティングで練習内容を決め、それに沿って準備をした。オシムは笑う。

「その日、そろった選手の顔色、天候、ピッチの状態、故障者の様子、それらによって練習のもっていき方なんてがらりと変わるんだ。前日に考えても意味ないだろ」

オシムが就任して練習量は倍に増えた。試合翌日にも練習がある。「オフのためにサッカーをするのか？　勝つためにサッカーをするんだろ！」。不思議と故障者は増えない。ハードワークを課す一方で、疲れていると見て取ると「お前、きょうはピッチの外を走ってろ」と練習から外す。選手を観察する眼力が半端ではない。

その眼はコーチ陣にも向けられた。試合前夜は宿舎でコーチ陣とポーカーなどトランプに興じる。「サッカーと同じで、お前たちは安易だな。伏線を張ったり、誰かをはめたりすることをもっと考えろ」などと面白がりながら「ところで明日やるヴェルディはどんなチームなんだ？」。そうやって必ずコーチ陣の意見に耳を傾ける。

あるとき、練習で主軸の一人がミスをした。コーチは、それは本人も分かっているだろうと見逃した。オシムが烈火のごとく怒った。

「なぜ、注意しない。ダメなものはダメだとなぜ言わない。そういう甘さが、試合の一番大事な場面でマイナスに出るとなぜ分からない！」

練習の運び方がまずく「お前がオレの意図を一番理解してない。外を走ってろ」とコーチに罰走を命じたこともある。

一方で、選手へのお節介は禁じる。前任者には試合用のミーティングに1時間以上かける監督もいた。オシムは長くて15分、通常は5分で終わらせる。要点しか言わない。

「必要以上のことを選手に言うな。あいつらはすぐに答えをほしがるからな。自分の頭で考えさせろ」

選手に安住の地を与えるな。野心のないヤツはだめだ

2002年の市原は通年で13勝3分け14敗。得点38、失点42の7位だった。それがオシムを迎えた2003年は前期3位、後期2位、通算3位と大躍進。通年での勝ち点は58の横浜M、57の磐田に次ぐ53、得点はリーグ最多の57、失点は38と大幅に改善された。三強と称される横浜Mとは1勝1敗、磐田とは2分け、鹿島とは1勝1敗と完全に五分の成績。「お客さんを集めるために攻撃的なサッカーをする」というシーズン前の公約を完全に果たした。

第2ステージも優勝のチャンスはあった。東京ヴェルディとの最終戦で6点差の勝ちを収めれば、優勝した横浜Mを逆転できた。45分が経過して2―0とリード。大量点を目指してFW林丈統の投入を進言するコーチ陣。しかし、オシムが入れたのはDF茶野隆行とMF工藤浩平だった。結果は2―

0のまま、最終順位は4位から2位に上がったが優勝には届かなかった。なぜ、とといぶかるコーチ陣に予言者の顔でオシムは言った。

「林を出していたら、すぐに1点を失って、引き分け、下手をすると逆転負けしていたな。負けたら、ほかのチームの結果次第で4位から8位に落ちる可能性もあった。8位じゃいつものジェフと同じだろ。選手もサポーターも、みんながっかりしてしまう。今日は2位でよかったんだ。それが来季につながるんだ」

シーズンを終え、チームはオシム留任を望んだ。オシムが前任地グラーツで起こした奇跡が自分たちにとっても「夢」ではないと感じたのだ。1909年創設、人口二十数万人のクラブが、同地出身の俳優アーノルド・シュワルツェネッガー（現カリフォルニア州知事）の資金提供も受けてスタジアムを新装。オシムの手腕と相まって国内リーグに優勝し、欧州チャンピオンズリーグでレアル・マドリードやマンチェスター・ユナイテッドといったビッグクラブとも競い合った。市原も2005年のシーズンから千葉・蘇我に完成するサッカー専用スタジアムを新しい舞台にする予定だ。

しかし、本人はサインしないまま帰国。実はグラーツ時代も、契約書にサインしたのは8年間のうち最初の1年目だけで、後はノーサインで過ごしたという。チーム全員をやきもきさせたが、とりあえず、もう1年は市原の指揮を執ることになった。「留任してくれてよかった。今年はどう自分たちを怒ってくれるのか、すごく楽しみ」。厳父のような監督と選手、コーチの間にはそんな空気が横たわっている。

「選手に安住の地を与えるな。野心のないヤツはだめだ。年金生活者のような選手より試合に飢えた

Ｊ2の選手の方がいい」

「私は日本に勉強に来たんだよ。日本からも、ジェフの選手からも日々学んでいるんだよ」

そう語る監督が、チームや選手に求めるのは常に上を目指すパッション。そこに不満を感じれば、ぷいとチームからいなくなってしまう怖さがある。

「監督とはカネの話は一切したことがない。だから余計に恐ろしい」と祖母井ＧＭ。

そんな清貧の監督が、大いに残念がったのが、２００3年シーズンの表彰式「Ｊアウォーズ」だった。優勝監督賞と最優秀監督賞を横浜Ｍの岡田武史監督がダブル受賞、副賞としてロレックスの時計を1個ずつ受け取ったのだ。オシムは監督特別賞を受賞したが、副賞の時計はなし。大いに悔しがりつつ、そのとき漏らした感想がビッグクラブの壁に挑み続ける男らしかった。

「まあ、あのロレックスも私の時計も、針は同じ時刻を指しているがな」

◆記者が見たリーダーの素顔◆

日本酒にすっかりはまっている。フランス料理店に行ってもワインの代わりに「日本酒はないのか」と頼むほど。柿の種も好物で、練習を見ながらぽりぽり。日本酒をつぐときに、升の中にコップを置くのが不思議で仕方なかった。「こぼれる酒がもったいないからでしょ」と言うチームスタッフの説明に、オシム監督は「ふーん。私はまた、幾重にもモノを包み込む日本人の精神性の表れかと思っていたよ」。その分析に、周りの人間はまた脱帽。

ジョー・トーリ――ニューヨーク・ヤンキース監督

松井秀喜をスランプから脱出させた一言

ジョー・トーリ　1940年7月18日。ニューヨーク・ブルックリン生まれ。63歳。兄のフランク・トーリも大リーガー。ブルワーズ、ブレーブスなど4球団で捕手、内野手として活躍。ブレーブス時代は755本塁打のハンク・アーロンとチームメートだった。71年、カージナルスで打率3割6分3厘、230安打、137打点をマーク、ナ・リーグMVPに選ばれる。77年、メッツで選手兼監督に就任。ブレーブス、カージナルスの監督を歴任し、野球解説者を経て96年にヤンキース監督。ワールドシリーズ制覇4度、リーグ優勝5度。96年、元MVP選手としては4人目の最優秀監督賞。98年にも同賞受賞。家族は夫人と二男二女。

シンプルな信条「フェアネス」

「一体、誰なんだい？　トーリって」

メッツ、ブレーブス、カージナルスを指揮したジョー・トーリが1996年、ヤンキース34人目の監督に就いた時、地元メディアの反応は実につれないものだった。

記録を調べれば、トーリがかつて強打の捕手兼内野手だったことは分かる。カージナルス時代の71

ジョー・トーリ

ミーティングより1対1の対話に重きを置く

年には首位打者と打点王の二冠。ナ・リーグのMVPにも輝いた。プロ18年の生涯成績は252本塁打、2割9分7厘。オールスターゲームには9度も出場した経歴がある。名選手の部類に入るだろう。

しかし、世界で最も刺激的でめまぐるしく新陳代謝を繰り返すニューヨークに住む市民が、喝采をもって受け入れるほどのスターではなかった。いわゆる生え抜きでも、一時的にヤンキースに在籍したこともない。

困ったことに、監督としてはそれ以上に物足りない成績なのだ。14年間で通算894勝1003敗。目立った功績といえば、82年にブレーブスを地区優勝に導いたぐらい。ワールドシリーズの出場経験は、選手時代も含め一度もなし。同じニューヨークに本拠地を置くメッツで、77年から5年にわたり指揮をとったが、その間は286勝420敗。ナ・リーグ東地区で5位と6位にしかなれなかった。

62年の球団創設以来、弱小球団と言われ続けたメッツがワールドシリーズを初制覇したのが69年。当時、その快進撃は「ミラクルメッツ」とたたえられた。その大興奮を今も大切に心にしまっている熱烈なファンは少なくない。そんな人々にとって、メッツ時代のトーリ監督は「さえない」存在に近かったはずだ。90年から監督を務めたカージナルスでは95年6月に、任期半ばにして解任という憂き目に遭っている。

もう、ユニホームを着ることはなかろう、と当の本人が覚悟を決めていた折も折、運命の女神が突然微笑みかけた。巡り合わせとは不思議なものだ。

若手の能力を伸ばす手腕に定評のあったヤンキースのショーウォルター前監督が、ワンマンオーナーのジョージ・スタインブレナーと対立、95年のシーズン後にヤンキースを去った。ヤンキースのゼネラルマネジャー（GM）は同球団の選手としても活躍したボブ・ワトソン。ロッテの伊良部秀輝を獲得した、当時、唯一の黒人GMはブレーブス時代からトーリと親交があった。ボブは、ブレーブスを率いたトーリの忍耐強い選手起用法を評価していた。その手腕に加え、三度までオーナー側と対立して監督の座を追われた苦労人ならば、「解雇するために監督を雇っている」と評されるスタインブレナーと世界一口うるさいメディアに囲まれても、うまくやっていけると踏んだのだ。

周囲の目は温かくはなかった。どうせ、次の誰かまでのつなぎ役、という程度の認識。何しろ、オーナーのスタインブレナーは球団買収後24年間で21人もの監督を変えた経歴の持ち主。捕手として野球殿堂入りを果たし、永久欠番となっているヨギ・ベラを開幕からわずか16試合で解雇し、往年の名二塁手、ビリー・マーチンは都合5回もクビを切られた。ヤンキースのスター選手にしてこの扱い。「あの短気でせっかちなオーナーの気まぐれが、いつまで続くかね」。トーリ就任当時のそんな見方も、あながち誇張ではなかった。

しかし、トーリは実に完璧に「期待」を裏切った。

就任1年目の96年は92勝70敗で15年ぶりにペナントを制覇。ポストシーズンもその勢いは衰えない。ワールドシリーズでは、強打のブレーブスに2連敗のスタートと劣勢ながら、きわどい継投策を次々と成功させ、その後は4連勝。地元ニューヨークで、18年ぶりとなる歓喜をたぐりよせた。

98年にはシーズン114勝のア・リーグ記録（当時）をマーク、2000年までは3年連続で世界一である。ジーター内野手、ウィリアムズ外野手、ポサダ捕手ら生え抜きをきっちり育て、亡命してきたキューバのエース、ヘルナンデス投手など大物補強組の能力もそつなく引き出してみせた。

それにしてもどうして、これほどまでの躍進が可能だったのか。

豪腕オーナーは、カネに糸目をつけずに大物選手をかき集め続けた。確かに優秀でスター性あふれる選手を手に入れることには成功した。問題は、誰もそんな人々を束ねられなかったこと。プライドが高く、目立ちたがり屋ばかりの殿様集団に、一体感など期待する方がそもそも間違っていたのだが。

せっかちで気の短いオーナーと、選手、監督が三つどもえでお互いをののしり合った70年代、メディアはそれを、ヤンキースタジアムの建つ地名から「ブロンクス動物園」とあだ名した。世界一になかなか近づけなかった80年代も同工異曲。ビッグネームが角突き合わせ、滑稽でばかばかしくも哀しい人間模様が、面白おかしく世間をにぎわせた。

そんな悪習が、新監督によって完全に取り除かれたのである。

といって新監督は特別なマジックを用いたわけではない。トーリのシンプルな信条「フェアネス

（公平さ）」が低迷中のヤンキースに効いたのである。鳴り物入りで加わった外様も、生え抜きのスターも控え選手も、この監督は常に同じ態度で接した。穏やかで、冷静で、辛抱強い聞き手で、良きアドバイザーで――。そんな存在が、猛毒を放つオーナーとの軋轢に疲れきっていた選手たちに、精気を与えたのである。

「選手にはそれぞれの個性がある。それに敬意を払い、選手が欲しいと思うものを与えるのが私の仕事」と言い切る。

「選手が欲しいもの」とは、「自分の能力を思う存分発揮できる環境」となる。監督のご機嫌をうかがう苦労は無用。選手一人ひとりにそれぞれの役割と存在価値があることをきっちりと自覚させた。

「君を信じる。頑張りたまえ」と北風より太陽の役目に徹することで、アクの強いタレント集団はエゴを脱ぎ捨て、代わりに自己犠牲の精神を身にまとい始めた。チーム打撃の重要性に目覚めた選手たちは、途端に8年連続でポストシーズン進出。一発のホームランよりヒットエンドラン、進塁打を重視するトーリの野球観が、選手個々の意識の中に深く浸透し、熟成された結果だった。

スポーツの監督にはさまざまなタイプがある。オレに付いて来いの親分肌。データこそすべての知性派。いわゆるひとつの勝負カンを重視するひらめき型……。トーリの場合は、選手を分別のある大人扱いする姿勢が最大の武器になっているようだ。

「監督にできることなんて限られている。投手の交代機を見誤らないこと。打者の調子を見極めること。そして彼らを信じること」とトーリ。選手の能力を正確に把握し、指導はあくまで基本に忠実。決して背伸びをさせることはない。一度や二度の失敗をしても、それを挽回するチャンスをきちんと与える。スタインブレナーオーナーが、期待を裏切った伊良部秀輝を「太ったヒキガエル」とこき下ろした時も、「もう少し、時間を与える必要があるかもしれない」とかばい続けたのもトーリだった。

「仲間が頼りにしてくれるから、自分も能力を１００％、あるいはそれ以上発揮しようと盛り上がる――これが野球のチームワークだ」

共著『覇者の条件』（実業之日本社）でトーリはそう語る。監督とは手厳しい批評家ではなく、物腰柔らかく適切なアドバイスを与え、選手の潜在能力を最大限引き出す水先案内人になるべし、と自らに言い聞かせているようだ。

選手とのコミュニケーションのとり方に、その考えが表れている。全体ミーティングはほとんど開かず、重きを置くのは選手と一対一の対話。ミスを指摘するときや降格を告げるときは、必ず二人だけの時間をとって直接話す。敗戦後、記者に囲まれての即席会見で、選手を糾弾するようなことは皆無。打撃ケージの横で、ロッカールームの中で、食堂で……選手の技術面での力量はもちろん、その性格までじっと見つめる労苦を厭《いと》わない。

かつてヤンキース傘下のマイナーリーグで監督を務めた日本ハムのヒルマン監督が、尊敬する指導者の一人として挙げるのもトーリ。

「ベンチやロッカールームで存在感があるのに、威圧感が全くない。選手がいい雰囲気をつくれるんだ」

ヤンキースにコーチ留学をしていた同じ日本ハムの白井一幸ヘッドコーチは、トーリの真髄に触れた経験を持つ。98年の開幕直後、珍しく全体ミーティングが招集された時のことだ。遠征先での最初の5試合のうち、4試合を落とした。敗因は投打の歯車がかみ合わず、チームに覇気がなかったこと。選手を集め、鋭い視線を投げかけた後、静かに語りかけた。

「自分ができることといえば、みんなをフィールドに送り出すことだけだ。その後は君たちの問題。自分を信じて全力を尽くしさえすれば、必ず勝利は訪れる」

チーム状況がどんなに悪くても、選手を怒号で支配することはない。あくまで個々の自主性と復元力を重んじる。その年、記録破りの114勝が達成できた理由のひとつが、ここにあった。

松井への一貫したメッセージ「ホームランはいらない」

2003年、日本から大物ルーキーが入団してきた。

前年、50本塁打を放った当代最高のスラッガー、ゴジラ・松井秀喜。米フロリダ州タンパでキャンプインした2月18日、集まった報道陣は150人に達した。メジャーに記すその第一歩を伝えようと、キャンプ初日の練習を衛星生中継するテレビも出たほどの大騒ぎ。報道陣は最盛期で200人を超えた。

だが、トーリは決してルーキーを焦らせなかった。むしろ、早急に結果を求め、一つ失敗すれば一気にこきおろすメディアからの防波堤役を買って出ていた。

「リーグが変わっただけでも大変なのに、松井は国が変わったんだ。そんなに簡単にメジャーに適応はできないよ」と繰り返した。チームに慣れてくると「彼とはうまくやれると思っていた。あのコンパクトなスイングならどんな投手にも対応できる。三振は少ないし、長打を狙わない。もし大振りするようならもっと苦労を味わっていたはずだ」
ジョー・トーリ

キャンプ序盤から一貫して発信してきたのは、「ホームランはいらない」というメッセージ。日本最高のスラッガーという呪縛《じゅばく》から解き放つのを手助けし、「松井、キミならできる」というサインを送り続けた。

「何でこれほど気を使ってくれるのか、と思うことはしょっちゅう。日本の監督と比べると垣根が低いですね」が松井の率直な感想である。

松井は3月31日、ブルージェイズとの開幕戦で初ヒットと初打点を記録。4月8日の本拠地初戦では満塁弾とド派手なデビューを飾った。その後もまずまずの働きを続けた松井だったが、5月に入ると急に調子を落とす。約1カ月の間、バットを振ればゴロの山。たまに外野に球が飛んでもフェンスのはるか手前で失速した。地元メディアが与えたニックネームは「ゴロ王」。スタインブレナーオーナーからは「こんな非力な選手を取った覚えはない」という予想されていたセリフも飛び出した。暗く長いトンネルにはまり込んだ新人に、救いの手をさしのべたのも監督だった。

6月5日のレッズ戦の試合前。トーリは松井を呼び止めた。松井が振り返る。

「試合の前、監督に呼ばれて話をしました。『結果は出ていないが、お前の力は絶対にチームに必要だ。守備でも、ランナーとしても頑張っている。だから外そうとしても外せないんだ』と言われた。ありがたかった。気持ちを前向きにさせてくれる言葉でした」

日本とはボールの質感も、移動の厳しさも違う。文化も食生活もまったく異なる世界に身を投じ、疲れ果てた選手が立ち直るために、何が必要なのかをトーリは熟知していた。松井本来の潜在能力を思い出させること。チームにとって不可欠な存在であると再認識させること。何より、勝利への険しい山道を登るためには「打って貢献するほかない」という凝り固まった考えをほぐしてやることである。加えて、ちょっとしたアドバイス。

「打席で少しベースに近寄って立ったらどうだろうか」

外角の球にことごとく打ち取られていたのを見かねての忠告だった。

それまでは、頑として打撃スタイルを変えようとしなかった松井だったが、「従ったら、たまたまホームラン。ここからいい循環が始まった。あの日が復調のきっかけになりました」。この試合、本塁打を含む4安打3打点。そのままの勢いで6月は月間最優秀新人賞に輝いた。

日米にまたがり、1267試合の連続出場を続けていた松井の意図をくみ、スターティングメンバーを外したのに代走で起用する気配りを見せたのは、4月20日のツインズ戦。出会ってわずか4カ月なのに、二人は強く固い信頼関係で結ばれていた。

オーナーと無用の衝突は避け、チーム編成と現場指揮という国境線を明確に

今や、触るものすべてを金に変えたギリシャの神「ミダス」のよう、とたたえられるトーリ。野球殿堂入りも確実と言われるまでになった。

しかしそれも、散々な苦労を味わっていたからこそ。カージナルス時代は補強への投資を惜しむオーナーと対立、更迭された。メッツ、ブレーブスではフロントとの関係が悪化して職を追われた。グラウンドのトップでも、球団ではしょせん中間管理職。だが、そこで我が身の悲哀を嘆くのでなく、

「自分の影響力が及ぶ仕事に集中する」「ほどよい服従心と、腹をわった対話が重要」（前出『覇者の条件』）など、宮仕えの教訓をきっちり抽出した。

だからこそ、タレント集団のヤンキースでこれほどの〝長期政権〟が可能になったのだろう。部下に有無を言わせぬオーナーと無用の衝突は避け、チーム編成と現場指揮という国境線を明確にした。時折、オーナーからの「領空侵犯」はあるが、そのときはキッパリと突っぱねる。大事に至らないのは、就任8年でワールドチャンピオンに4回という、文句のつけようのない成績があるからだ。

監督として右肩上がりの素晴らしき人生である。最大の危機は99年に前立腺ガンを宣告された時だったはずだ。屈強な元プロ野球選手に訪れた突然の悪夢。当時の心境は「頭に浮かんだのは『しかたがない』のひと言だった」（前出『覇者の条件』）という。

一度は死を覚悟したからか。達観したような雰囲気を、トーリは確かに身にまとっている。忍耐。寛容。公平さ。その人柄を挙げると野球の監督というより、気高き聖職者の趣さえ漂う。どんな困難があってもそこから逃げず、天命と受け入れて可能な限りベストを尽くす。そんな点も生き馬の目を抜く世界で、厚い人望を集め続ける魅力のひとつなのだろう。

気になるのは、チームとして3年ぶりとなる世界一の座を逃した後、２００３年10月末に残した気弱なセリフだ。「（２００４年が）私の契約の最終年だ」と話す一方で、それ以降の契約について「分からない」と明言を避けたと伝えられる。現場への口出しを強めつつあるオーナーへの牽制なのか、それとも燃え尽きつつあるのか。

10月28日付のニューヨーク・ポスト紙が面白いアンケートを行った。ヤンキースに「必要な人」と

「いらない人」を調査したところ、トーリを必要とする声は81・7%もあった。メジャー広しと言えど、こんなに幸せな監督はいないだろう。口の悪さでは全米一を自認するニューヨークのファンに、これほど圧倒的な支援を受け続けているのだから。

◆記者が見たリーダーの素顔◆

試合前、大好きなティーを片手にどっかとベンチに座る。それが取材OKのサイン。取り囲む記者団に少なくとも20分は付き合う。肩を痛めたジーターの回復具合、不振だった松井の起用法、チームメートの批判本を書いたウェルズへの感想等々。一見、こわもてで取っ付きにくそうだが、決して取材者をないがしろにしない。受け答えは質問者の目を見て。つたない英語で話しかけた時もそうだった。「あなたのモットーは?」と聞くと、たっぷり10分は話してくれた。子供のころ、警察官だった父にDV(家庭内暴力)を受けた。そのトラウマを克服、今は同じ悩みを持つ家族のために基金を設立、社会貢献に努める。前立腺ガンにかかった経験から、ガン撲滅運動にも取り組む。そんな人柄が選手やファンから尊敬を集める大きな理由となっている。

トレイ・ヒルマン――北海道日本ハムファイターズ監督

札幌ドームはまずコーチが生き生きしている

トレイ・ヒルマン　1963年1月4日、米テキサス州アマリロ生まれ。テキサス大アーリントン校からインディアンス入り。3年プレーしたが、大リーグには昇格できず、88年にスカウトに転身。89年、ヤンキースのマイナーコーチに就任。90年からはヤンキースの1Aから3Aまでの監督を務め、2001年までに12年間で監督として通算855勝771敗。2002年はレンジャーズの育成部長。同年末、日本ハムの要請を受けて監督就任。1年目の2003年は5位。

基本を繰り返す指導法は型通りだが、まず頭で理解させてから練習させる

万年Bクラスのチームを、札幌移転を機に常勝軍団へとつくり直すため、登用された日本ハムのヒルマン監督。就任1年目の2003年は結局5位に終わったが、教え方、リーダーシップとも評価は高い。ヤンキースのファーム監督時代、今をときめくヤンキースのジーター、ポサダ、ソリアーノを育てたことで有名だが、辣腕《らつわん》というより選手やコーチのやる気を巧みに引き出すタイプだろう。41歳と12球団一若い監督でもある。

2003年、来日1年目のキャンプ。走塁練習では驚かされた。

全員を集めてポイントを説明して走らせるのだが、1日目は本塁から一塁、2日目は一塁から二塁、とまるで中学生に教えるよう段階を踏んで教える丁寧さだ。基本を繰り返す指導法は型通り。しかし、まず頭で理解させてから練習させる。「なぜやるのか分からないと集中できないし、やる気も起きないから」と言う。インフォームド・コンセントを「納得診療」と訳すならヒルマンのは「納得練習」と言えようか。

ただし、内容は難しいことはいっさいないそうだ。むしろ「難しいこともシンプルな言葉で教えることができる」と白井ヘッドコーチは言う。ここらあたりが教え上手の秘訣の一つなのかもしれない。ヒルマン流の走塁練習をキャンプで指導した島田コーチは、その時「このまま行けば、これからの走塁は相当積極的になるだろう」と予言した。シーズンインすると半分終わったところで、昨季72個だった盗塁が50個を記録した。一番に抜擢した俊足の森本が打撃不振で定着せず、後半の盗塁数は尻すぼみに終わったが、それでも2003年は90個を記録した。目立って走れる選手が少ないだけに、効果あり、と言っていいだろう。

2年目の2004年キャンプ、初日の最初の野手の練習はまたも走塁練習。それも本塁から一塁まででと、一塁ベースの回り方だった。2日目は当然のように一塁から二塁だった。

年間を通したゲームプランもシンプルなもの。投手だったら、「まず四球を減らすためにストライクを確実にとれること」「打たれても大きな当たりを食わないために低めに集めること」の二つだ。

先発投手に関しては大リーグの典型、5人で回すローテーションを採用している。いい投手が何人もいるなら苦労しない。「きっちりゲームをつくれる投手を6人集めるのは5人集めるより、相当難しい」からだ。

投手交代機を決めるのは球数だ。調子を見ながら、というのは実はとても難しい。目に見える数字で線を引くのが、長い目で見ると成功の確率も高くなる、という。肩は消耗品とみなす米国式だが、合理的でもある。

「リーダーとして選手を公平に扱いたいし、同時に公平さが大事だと教えていきたい」

采配では選手起用の幅広さが目立っている。中継ぎ投手の起用法がその典型だろう。抑え役は別として、勝ち試合、負け試合で登板する投手の区別があまりない。普通は勝ちにいくときは「勝利の方程式」などといって、同じ継投パターンをたどる。リードされれば敗戦処理投手の出番となる。ヒルマンの下ではあくまで「その状況に最適の投手」が出され、敗戦処理ばかりでくさる投手は少なくなる。

野手も主砲・小笠原以外は完全固定ではない。捕手は主戦を決めているものの、

トレイ・ヒルマン

チーム全体を公平に扱っていけば、選手のやる気をそぐことはない

一番疲れがたまるポジションとして、4戦ぐらいすると休ませる。ほかのポジションでも何試合かすると、控え組を先発させる。「レギュラーに休みを与えるとともに、控えに経験を積ませるため」だ。二軍との入れ替えも頻繁で、いい状態で上がってきた選手はすぐ使う。

2003年6月25日のダイエー戦では、同17日に一軍登録されたベテランの藤島を四番に起用、本塁打と二塁打の大活躍を引き出した。その時は大砲のエチェバリア、クローマーが二軍落ち、小笠原が故障中と三―五番が欠場中だった。それでも戦力が極端に落ちずに戦えたのは、こんな起用法が危機管理的にも働いたからだろう。

「キリストの教えにもある通り、人々は公平に扱うべきである。同時に選手を含めてチーム全体を公平に扱っていけば、選手のやる気もそぐことはない」。宗教的なバックボーンもあるかもしれない。故障した選手には絶対に無理させない、など気配りも細かい。外国人だからこそ、選手、コーチとのコミュニケーションを大事にする。

何より、言葉による感謝を忘れない。言葉に出さないと何も理解されない米国流とはいえ、日本人なら照れて言えないような言葉も当たり前のように出てくる。救援陣が好投すれば「山中ブルペンコーチのおかげ」。主砲・小笠原が打てば「さすがガッツというニックネームをもらうだけある。主砲として当然とはいえ、こんな活躍はそうできるわけではない」。

2002年オフに右ひじを手術した島田外野手は、主に代打の切り札で活躍、ヒーローインタビューに10回も登場したが「自分のひじのことを本当によく分かって起用してくれる」と感謝することが多かった。先発と代打、自分の調子に合わせて起用してくれた、というのだ。阪神から移籍の坪井も「前のチームよりはずっとやりやすい」と言う。2003年に打率3割3分と復活した一つの要因だろう。

ヒルマンはキャンプでは打撃投手から、ノッカー、ブルペン捕手まで務めた。米国のファームなら当然だろうが、若いとはいえ肉体的にも大変だ。打撃投手はシーズン中もずっとやっていた。「選手の調子を見るのに役立っているのか」と聞くと「それもあるが、まず自分が投げることが好きだからね。それにほかのコーチが一生懸命やっているのに自分だけ何もしないのは……」。

公平さや気配りの原点は「スタープレーヤーになれなかったこと」

ダイエーの王監督は大島前監督からバトンタッチされたチームに対し「まず明るくなった。これは監督の性格かもしれないけれどね。一番大きく違うのはコーチ陣が生き生きと仕事をしていることだ。よほど厳しくしているのか、それとも……」と語ったことがある。

公平さや気配りの原点は「スタープレーヤーになれなかったこと」とも語ったことがある。大学卒業後、インディアンスに入団、主にショートを守ったが、メジャーには上がれずじまい。3年目に自分の力の限界を知ったのと同時期にケガをして指導者への道を目指した。

「底辺を見て野球というものが、いろいろな人たちのかかわりがあって成り立っている、と気がついた。私がやってきた経験というものはみな欠くことができない。過去があるから今があると思う」

ヒルマンは生まれた時からスポーツに親しむ環境にあった。父、ロイスは大学でアメリカンフットボールの選手として活躍、教師になってからは野球やアメリカンフットボールの指導者としても活躍した。2人の姉もソフトボール選手だった、という。ヒルマンの運動能力は小さい時から際立っていた。フットボールやバスケットボールに親しみ、フットボールでは高校までスター選手だったが、体が大きくはなかったので断念した。育ったアーリントンでは、ヒルマンが9歳の時にレンジャーズが移転してきた。自然と野球に親しむ時間が増えたそうだ。それでも野球の原点は父親だ。「野球の基礎を教えてくれたし、気配りの大切さも彼から学んだ。ある意味で一番尊敬している人物である」。

それにしても、大リーグ経験のないヒルマンが名将候補になれる米国のシステムはうらやましい。米国では選手がルーキー、1A、2A、3Aと上がっていくのと同様に指導者も段階を突破していけばメジャーの監督になれる。ドジャースの名将、トム・ラソーダにしても大リーグ経験はほとんどない。

ヒルマンはまず1Aのコーチからスタート。監督とコーチが2、3人というスタッフのファームですべての野球技術を身につけ、若い選手と接する術《すべ》も手に入れた。1Aで最優秀監督に選ばれ、3Aでも最優秀監督に選ばれた。2003年オフにはレンジャーズから監督就任の打診があった、という。日本ハムとは2年契約だから受けなかったが、それほど期待の人材だ。日本ではたとえ二軍で見事な成果を挙げても、選手時代の名声がないと「客を呼べない」として監督になれないケースが多い。阪急や日本ハムを率いた上田監督は例外中の例外だろう。

ヒルマンが尊敬する指導者の一人、レンジャーズのバック・ショーウォルター監督はヤンキース時代、メジャー経験はない。だが、指導者として手腕を発揮し、1992―95年までヤンキースの監督を務めた。ヒルマンは直接、同監督の下で働いたことはないが「彼の姿を見て、自分の足りないところがよく分かった。また選手をどう見なければならないとか、選手のボディーランゲージをどう読むべきか、教えてもらった気がする」と言う。現ヤンキース監督のジョー・トーリの下では春季キャンプでランニングプログラムなどを担当したことがある。「選手と本音で話をして理解を深め合う」ことを学んだ。

開幕戦では球場入り口に選手、コーチを並ばせてファンとの握手会

見ていて感心するのはファンをとても大事にすることだ。ファンあってのプロ野球、ということを心から認識している。

そこまでやるか、と思わされたのは2003年東京ドームでの本拠地開幕戦だ。開場時間から球場入り口に選手、コーチを並ばせて歓迎の握手会を開いたのである。もちろんヒルマンも並んだ。「普段から選手にファンを大切にしろ、と言っているが、自分が何もしないいんじゃ分かってくれないかもしれない。有言実行が好きだから、自分で企画してやってもらった」そうだ。

2003年には試合後、東京ドーム近くのベースボールカフェでトークショーにも出演した。グラウンド以外でも働いて忙しくないか、と聞くと「私が一番やらなければいけないこと、すなわち常勝チームをつくることを忘れない限り、何の負担も感じていない。今年は東京ドーム最後の年。東京のファンの方々のために何ができるか考えれば、自分ができる限りのことをして営業やサポートしてくれる人々に恩返しするのは当然だと思う」。

札幌移転の切り札として、日本ハムが北海道をフランチャイズとしてしっかり根付くための基礎づくりにも、まさに最適な人材だった。2003年はチームの最初の札幌遠征（公式戦）で毎日、地元の商工会議所などで講演。二度目の遠征では選手を札幌市内各地の小学校を訪問させる一方、講演に懇談会、北海道知事表敬訪問と大車輪の活動を重ねた。ほかの選手がまだ、住まいを札幌に決めていない時に住居を札幌に定め、家族を住まわせた。オフはもちろん米国に帰るが、これ以上の広告塔はない。たとえ破格の年俸を支払っていても、球団としては十分元が取れる働きぶりである。「日本を第二の故郷と思っている。子供たちを札幌に住まわせるのに何のためらいもない。球団のサポートもあるし、本当の意味で地域コミュニティーの一員になれればいい、と思っている」そうだ。

コミュニティーといえばヒルマンはチームのスタッフもファミリーと考える。「一つの目的に向かって全員でゴールを目指したい」とよく言っている。2003年のキャンプでは、コーチ陣だけによるサインによる守備シフト変更などの練習を行った。複雑になっているサインプレーを選手に教えるためにはまず、コーチ陣に徹底する必要がある、というのが一つの理由だが、コーチ全員が集まってコミュニケーションを図る意図もあったようだ。

「外野守備コーチは内野手にもシフトの意味を教えられないとね」と白井ヘッドコーチ。同コーチは97年から2年間、ヤンキースにコーチ留学していて、ヒルマンと親交がある。監督の最大の理解者でもある。

2003年オフにはヒルマン監督の自宅（米国テキサス州リバティーヒル）にスタッフを呼んで2004年のキャンプの方針を決める、というこれも前代未聞の企てを行った。アリゾナでダイヤモンドバックス・コーチ陣による研修を行った後、自宅でじっくりミーティングを行った。いわば、コーチ陣の米国合宿。こんな外国人監督はどこにもいない。

そのミーティングでは、２００３年の投手陣の失速を踏まえて、練習方法を少し変更することにした。打者がいないブルペンではあまり投げさせず、精神的にも疲れる実戦でスタミナをつくっていく、というのが1年目のキャンプの方針だった。ブルペンでは50、60球前後に制限した。ところが、実際、日本ではオープン戦が少なく（日本ハムは特に少ない）、実戦で仕上げるまでにいかず、夏場以降のスタミナ切れを生じた。今季も先発の試合でのノルマは１００球だが、キャンプのブルペンでも１００球前後の投げ込みを認めることになった。救援投手も公式戦を見据え、40―50球をを2、３日投げては休みを取るという、シーズンを想定した投球数で仕上げていく。

２００４年のキャンプ初日、ヒルマンは「去年は（選手の特長を記す）メモで忙しかった。今年はメモしないですむだけ余裕があるね」と笑った。１年目から米国の良いところと日本の長所を融合していきたい、と言っていたが、選手の特長を把握した2年目は融合の度合いがさらに進みそうだ。２００４年はキャンプ初日からエース・ミラバルが１００球の投げ込みをした。

新戦力として巨人から入来を、デビルレイズから１９５センチと長身のループを獲得した今季はどんな成績を残すか。人気者の新庄も加入して、新本拠地、札幌ドームにどこまで観客を引きつけられるか、注目である。

◆記者が見たリーダーの素顔◆

178センチ81キロの体はスマートに見える。語り口はソフトで淡々。声を荒げることはめったにない。プロ野球の監督というより、有能なビジネスマンという感じだ。「互いに尊敬しあうことが大切」という。相手チームに対しても、自分の国に対しても、常に尊敬の念をもって臨んでいる。報道陣への対応もまさに優等生。試合前に話をし、もちろん試合後も公式インタビューに応じる。ファン、報道陣を大切にする大リーグでは当たり前とはいえ、試合前はベンチに近寄らず、負けるとさっさと引き揚げる一部の日本人監督とは大違いである。

福田正博――元浦和レッズ

ミスターレッズはJリーグの「幕末の士」

ふくだ・まさひろ　1966年12月27日、横浜市生まれ。小学5年でサッカーを始める。相模工大付高（現湘南工大付高）、中央大を経て、89年から三菱重工（後に三菱自動車）でプレー。93年のJリーグ発足後は浦和レッズの顔として人気を博した。95年は50試合で32ゴールを挙げ、得点王に輝く。2002年限りで引退するまで、J1通算216試合に出場、91得点。日本代表ではドーハの悲劇を経験するなど、45試合9得点。

「発言者」として浦和の礎を築く

2003年春、サッカー解説者として訪れた競技場でふと気付いたという。「あっ、こんなに楽なんだ」。肩が軽い。表情が緩む。

「そこで思ったんですよ。去年までは大変なものを背負っていたんだなあと」

背負っていたのは「ミスターレッズ」の重い看板だった。

浦和レッズは1993年のJリーグ発足後の10年で、リーグ最多の約365万人の観客を集め、「地域に根ざしたクラブづくり」というJリーグが掲げた理想を見事に具現化した。だが、2002

年の福田の引退までは無冠。発足当初は下位をさまよった。人気にチームの成績が伴わなかった。

そのいびつな構造を正そうと、もがいてきたのがJリーガー福田正博の十年だった。

三菱自動車サッカー部がプロ化して、浦和レッズとなったのが92年。しかし、プロとは名ばかりで、当初は専用の練習場すら持たなかった。東京農大グラウンドなど浦和周辺の練習場を借り歩き、選手は自分の車の中で着替えた。練習後にシャワーを浴びることもできない。東京都調布市に居を構えていた三菱時代より環境は劣った。フロントはプロのクラブとは何なのかと、暗闇の中を手探りで歩む状態だった。

福田は89年に中央大から三菱重工入り。1年目にチームは日本リーグ二部に落ちていたが、新人の福田は26試合で36ゴールを挙げて得点王に輝き、一部昇格に大きく貢献した。

Jリーグ・スタート時に既に中心選手の地位を築いていた福田は、環境整備を目指したピッチ外での苦闘にも進んで踏み込んでいった。黙って見過ごしていることはできなかった。90年に日本代表入りし、当時は浦和で唯一の代表選手。合宿や遠征でヴェルディ川崎（現東京ヴェルディ）や横浜マリノス（現横浜F・マリノス）など先進的なクラブの情報が耳に入った。

浦和の環境面の不備は明らかだった。選手の仕事ではないと承知しつつも、環境整備、選手の扱い方などについて、クラブ幹部に訴える役割を自分に課した。それが責務だと考えた。

三菱時代にともにプレーした浦和の中村修三強化部長は言う。

「例えば、なぜこの監督を選んだのかということまで聞きに行っていた。その監督のいい悪いを問題にするのではなく、クラブが明確なビジョンをもとに監督を選んでいるのかどうかを確認したがった。あまりにストレートにものを言ってしまって空回りもしたけれど、話にはいつも筋が通っていた」

選手はサイン会などファンやスポンサーへのサービスもこなさなければならないが、プレーに支障が出そうなときは必ず福田がクラブに注文をつけた。「僕はチームでただ一人の日本代表。自分が言わなかったら、誰が言うという思いがあった。とにかくサッカーに集中できる環境を整えて欲しかった。いいクラブにしたいという一心だった」と福田は振り返る。

思ったことはしっかり口にするタイプ。話せば長くなる。理屈の人でもある。人をうなずかせる、しっかりした言葉を持つ。細かなことを一つ残らずクリアにしなければ気がすまない。サッカーもそうだが、アバウトな状態は許さない。日本代表、そして後に浦和を率いた、規律を重んじるハンス・オフト監督に心酔し、解説者の今、枠組みからチームをつくらないジーコ・日本代表監督に批判的なのはうなずける。

現在は浦和のサッカー教室で子供たちを教える。解説者としても活動

そんな男だからこそ、Jリーグ・スタート直後の浦和の混迷に深く心を痛めた。

「プロ化直後はどうにかしなくてはと、いつもいらいらしていた。クラブに意見をぶつけたあのエネルギーをすべてサッカーに注げていたら、と今では思いますよ。何かを変えようと主張するのに大変なエネルギーを要した。監督は監督、フロントはフロント、選手は選手の仕事をしていればいいのに、僕は選手の仕事以外にも踏み込んでしまった。プロ化して最初の2年間は、チームも僕自身も非常に混乱していた」

森孝慈監督が率いた93年の浦和はサントリーシリーズ（3勝15敗）、ニコスシリーズ（5勝13敗）ともに最下位の10位。12チーム編成になった94年も順に12位（6勝16敗）、11位（8勝14敗）。名古屋グランパスとともに「リーグのお荷物」扱いされた。

アマからプロに変わり、スタジアムは突如、熱い観衆で埋まった。それなのにプレーの質はさして変わっていない。浦和に限れば練習環境はむしろ劣化している。「いきなりたくさんのサポーターが集まって、高いレベルのプレーを求められて、かなり苦しんだ。期待に応えなくてはと。そのためにも選手がサッカーに集中できる環境を整えてもらわなくてはと思った」。

福田に、いわゆるリーダーの資質があるという声は実は高くない。それは本人も分かっている。だが、その影響力の大きさは自他ともに認めるところ。こういう言い方が正しいのかもしれない。福田は「発言者」として、浦和の礎を築いた。

フロントに対する発言がすべて実を結んだわけではない。ピッチ外の苦闘が摩擦を生んだこともある。だが、福田の訴え、叫びの源にあるチーム愛が、浦和がプロクラブとして形を成していく過程で一つの大きな力になったことは間違いがない。

プロとは何かとフロントも選手も手探りのなかで、進むべき道を示すことはできたのではないか。ぐちゃぐちゃなものが組織として固まっていく際の、中核になることはできたのではないか。福田が理屈を口にしたからこそ、道は開けてきた。


Jリーグが理想とする究極のローカルヒーロー

浦和がプロクラブとしてようやく体裁を整えたのは、95年にドイツ人のホルガー・オジェックが監督に就任してからだ。90年のワールドカップ・イタリア大会でフランツ・ベッケンバウアー監督をコーチとして支え、西ドイツの優勝に貢献した指導者。オフト同様、約束事を積み上げていく規律の人だった。鉄の規律で選手を縛った。

オジェックはチームを強化し、采配を振るうだけでなく、クラブづくりにも大きく寄与した。プロとして備えておくべきものを明確に提示した。浦和は急速に組織として固まっていく。こうなると、選手である福田が環境整備、選手の扱い方について注文をつける必要は全くない。

「オジェックが来て、はじめてプレーに集中することができた」と言う。事態はすぐに好転した。この95年、福田は50試合で32ゴールを重ね、日本人として初めてのJリーグ得点王に輝いた。元ドイツ代表の相棒、ウーベ・バインとの連係に磨きがかかり、面白いようにゴールを量産した。

チームも95年サントリーシリーズは15勝11敗と初めて勝ち越し、3位に躍進。ニコスシリーズは8位に終わったが、年間順位では4位となった。

翌96年は6位。Jリーグのブームが終焉し、各クラブが観客を大幅に減らしたのがこの年だが、浦和はびくともせず、リーグ最多の36万4936人（1試合平均2万4329人）を動員した。

そんななか、福田はスタジアムを真っ赤に染めるサポーターから、チームのシンボルとしてまつりあげられていく。「ミスターレッズ」として。

Jリーグ史上最多タイの9つのVゴールを決め、浦和では抜群の勝負強さを発揮した。スマートなプレースタイル。延長に入った時点でJ2降格が決定していた、99年最終戦での「世界一悲しいVゴール」のような記憶に残るプレーの数々。チームへの愛をさらけだし、観衆を燃え上がらせるタイミングのいい発言がサポーターの支持を集めた。日本代表になると力を発揮しきれないなど、どことなくナイーブな部分もファンの心理をくすぐった。

「僕はカズのように格好よくはなれない」と福田は話す。ともにJリーグを牽引した、同学年の三浦知良のような全国的な人気を博したわけではない。だが、カズがどこか特定の地域で福田のような熱烈な支持を集めることはなかった。究極のローカルヒーロー。浦和でなら支持率100%。それこそ、地域密着をうたうJリーグが理想とするヒーローのあり方だった。

2003年6月15日の引退試合（埼玉スタジアム）の入場券は3日で4万5000枚が売れた。引退グッズの売り上げは9アイテムで、軽く1億円を超えた。特定の地域でこれほどの販売力を誇るJリーガー、いやスポーツ選手は国内では他に存在しない。

ドーハ世代は「重圧はあったけれど、日本のサッカーを背負える幸せも感じていた」

結局、ミスターレッズはチームに栄冠をもたらせなかった。浦和が初タイトルに輝くのは、福田引退後の2003年ナビスコカップまで待たなくてはならなかった。だが、サッカーに対する情熱、クラブを正しい方向へ導こうとする強い意志、チームへの愛を包み隠さぬ福田の言動がサポーターの心を燃やしたからこそ、浦和は地域に深く根をおろすことができた。

かつて三菱でプレーし、浦和のフロントでも働いたJリーグの藤口光紀理事は最大の賛辞を贈る。

「地域に密着したクラブづくりのお手本として、Jリーグの方向性を示したのが浦和。でも、福田がいなかったら、浦和はこれほど地域での人気を獲得できたかどうか。大げさな言い方になるけれど、福田がいなかったら浦和は今のような超人気チームにはならず、Jリーグが今のように成長することもなかったかもしれない。功労者などという言葉では表しきれない」

シンボルとしてまつりあげられた福田は、リーグの牽引役をすすんで引き受けた側面がある。日本代表としては、94年ワールドカップ米国大会への切符を目前で逃した「ドーハの悲劇」を経験してファンの涙を誘った。Jリーグ発足という日本サッカー界の改革期にリーダーとして戦った福田は、自分やカズ、井原正巳ら「ドーハ世代」を幕末の士にたとえる。

歴史の転換点に立ち、自分たちの力しだいで改革が成功も失敗もする。大事なカギを握っている。

「僕らはラッキーだったと思う。あのころは力があれば変革に影響を及ぼせたのだから。どんなに高い志を持っていても、時代とのタイミングが合わないと力を発揮できない場合がある。川淵（三郎、初代Jリーグチェアマン）さんにしても、あの時代に生きていたからこそ、サッカー界の改革をリードできたわけだし」

選手としての熟成期がちょうど、Jリーグ発足という日本サッカーの転換点にぶつかった。発言者・福田が存分に力をぶつける場を得た。フロンティアとしてピッチを駆け、スタジアムを熱くすることでクラブを地域に密着させることができた。

「重圧はあったけれど、日本のサッカーを背負える幸せも感じていた。何かを背負える幸せ。それは、あの時に生きた選手にしか味わえないものだった」

こうして福田は、ミスターレッズの看板をしっかり背負った。「最初はそう呼ばれるのが嫌だったんです。チームがタイトルも取っていないのに、恥ずかしくて。だからいちいち否定していた。ミスターなんて長嶋（茂雄）さんじゃあるまいしって。でも、いつの間にか受け入れるようになった。一生、ミスターレッズと言われ続けるのかもしれない」。

指導者資格を取得してJリーグの監督を目指すが、おそらくスペインの強豪バルセロナの黄金期を築いたヨハン・クライフのような、理屈でチームを引っぱる指導者になるのだろう。一方で、福田はクラブ経営者への道にも大きな興味を抱いている。

現在は浦和のサッカー教室で年60回、子供たちにサッカーの楽しさを伝えるかたわら、解説者として活動する。日本サッカー協会が認定した「JFAアンバサダー」として普及活動などで全国を飛び回る。「選手時代とあまりに違う体形を子供たちに見せるわけにはいかない」と言い、何より体重管理に神経を使っているというあたりが、いかにも福田らしい。甘いマスクを持ちながら、求道者のイメージが強い。

2001年から2年間、浦和でともにプレーした井原は、若手から「マサミ」などと軽く呼ばれることがあったが、福田は最後まで「フクさん」だった。福田自身が後輩たちと距離を置いたわけではないが、いつの間にか近寄りがたい存在になった。強烈な発言に気後れする選手もいた。

そのあたりを、広報部時代の中村修三は「結構、孤独だったんじゃないかな。強い言葉を吐くけれど、実は繊細な人間だから。あまりに大きな責任を負わされてしまっていたし」と見ていた。

福田は今も大きなものを背負っている。そのつもりでいる。「ドーハ組はどこまで行っても、結局、先頭を走っていることになるんですよ。ドーハ組初の監督、初のフロントとして」。Jリーグのフロンティアたちがユニホームを脱いだ後、どのような道を歩むのか。歩むことができるのか。これからプロの道に進む選手たちは当然、ドーハ組の動向に注目している、と福田は思っている。

「だから僕や井原たちはいいかげんなことはできない。なんだ、元Jリーガーなんていっても、第二の人生はこんなものかと思わせるわけにはいかない」

福田は細身の体で重いものを背負ってきた。まだまだ背負っていく。背負わずにはいられないのだ。

◆記者が見たリーダーの素顔◆

「世間が僕のイメージを勝手につくってしまっている部分がある」と福田は言う。サッカーに対する真摯な態度、言動から求道者と見られているのは確か。「素のままの自分を出したい」という思いはあるが、できあがったイメージに反する姿も見せられない。浦和の中村修三強化部長が「ミスターレッズは大変なのだな」と痛感したというのは95年のオフ。Jリーグ得点王を祝すパーティーを夜を徹して行ったが、店を出たとたんに福田は背筋をピンと伸ばし、全くの別人に。ほんの数分前まで飲んで騒いでいたとはとても思えぬ変身ぶりだったという。プロスポーツ選手なら当然のことかもしれないが、世間の目のあるところでは求道者であり続けた。

ビセンテ・デルボスケ――前レアル・マドリー監督

権力を振りかざそうとすると、何も支配できない

ビセンテ・デルボスケ　1950年12月23日、スペイン生まれ。17歳でレアル・マドリーに入団。選手時代はMFとして活躍、スペイン代表として18試合に出場した。84年に現役引退後、レアルの下部組織で選手育成に当たる。94年に11試合、96年に1試合、臨時監督としてトップチームの指揮を執った。99年11月、初めて正式に監督に就任。見事な手綱さばきでスター軍団を束ね、2002―2003年シーズン後に職を辞すまでの4年間で欧州チャンピオンズリーグを2度、国内リーグを2度制した。

局地的郷土愛と世界の市場へ向けてレアル・マドリーをバランス良くアピール

1999年11月、レアル・マドリーはシーズン途中に成績不振に陥ったジョン・トシャックの後任として、ビセンテ・デルボスケをトップチームの監督に起用した。

50年生まれの49歳（当時）。70年代、現役時代はレアル・マドリーの選手として活躍し、引退後も主にカンテラ（選手育成部門）の指導にあたっていた文字通りの生え抜きだ。

レアル・マドリーは97―98年シーズンの欧州チャンピオンズリーグで、32年ぶりに優勝を飾ったが、

監督問題では絶えず揺れていた。カペッロ、ハインケス、カマーチョ、ヒディンク、トシャックと、顔ぶれは短い間にコロコロと変化した。欧州一には輝いたものの、クラブ内が真に安定していたわけではなかった。そこにデルボスケが内部昇格という形で監督の座に就いた。再びチャンピオンズリーグ優勝を狙おうとするチームの顔として、地味な印象は拭えなかった。次のシーズンまでの急場しのぎ。彼もまた短命に終わるだろう。外野がそう考えるのは自然だった。

しかし、周囲の反応とは裏腹に「レアル・マドリー人」は、彼の監督就任を歓迎した。

「デルボスケはマドリーにとって父親のようなもの。マドリディスモ（マドリー主義）を回復するためには、クラブ内の隅々までの事情に精通した彼のような人物こそうってつけだ」と、レアル・マドリーを囲む記者、評論家たちは誰彼ともなくそう言った。

選手の移籍の自由と、外国人枠の事実上の撤廃を謳ったボスマン判決の内容が、施行されたのは96—97年シーズン。それを機に、多くの外国人選手がチームに加わり、スタメンの半分以上は、彼らによって占められた。監督も同様。イタリア人のカペッロを皮切りに外国人がその椅子を占めた。98年にチャンピオンズリーグを制しはしたが、求心力は増さなかった。レアル・マドリー人が局地的な民族意識を擽《くすぐ》られることは思いのほか少なかったのだ。そこにデルボスケという拠り所が現れた。

レアル・マドリーはそのシーズン、国内リーグの成績は5位に終わったが、チャンピオンズリーグでは2年ぶり、通算8度目の優勝を飾った。デルボスケで欧州一になった。レアル・マドリー人には大満足の結果がもたらされた。

翌2000—2001年シーズン、レアル・マドリーの会長の座には実業家のフィオレンティーノ・ペレス氏が就任した。と、同時にライバルチームであるバルセロナからフィーゴという右ウインガーを獲得。クラブは一段と活気づいた。「ペレス会長、バルダーノGM、デルボスケ監督の三者が奏でるトライアングルはまさに絶妙な音色だ」。地元記者はそう絶賛した。

そのシーズンの成績も、満足に値するものだった。チャンピオンズリーグでは、バイエルンによもやの敗退を喫しベスト4に終わったが、国内リーグでは4年ぶりの優勝を遂げた。レアル・マドリー人は前年に劣らぬ祝勝ムードに沸いた。

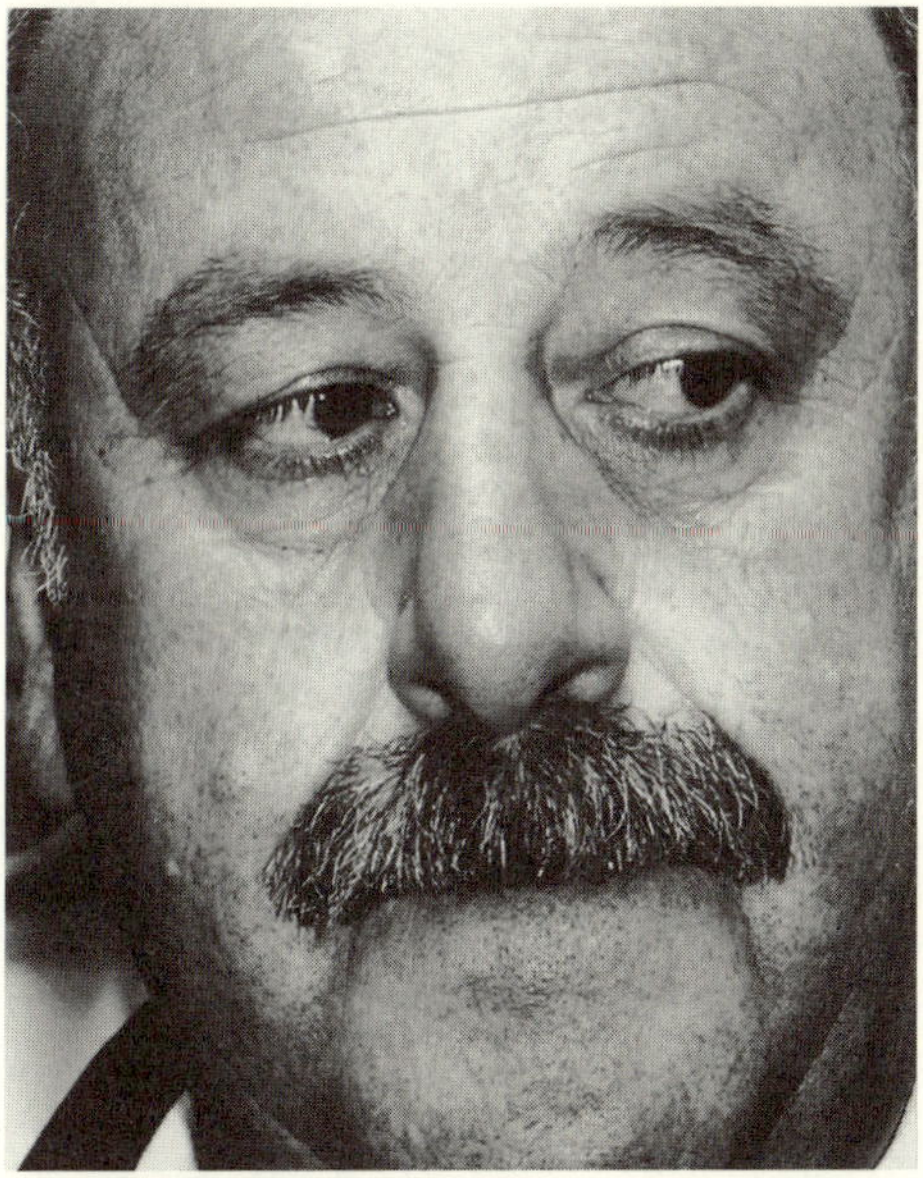
地味な印象の生え抜き監督をレアル・マドリー人は歓迎した（AP／WWP）

欧州と国内と。チャンピオンズリーグと国内リーグと。欧州サッカーの二重構造は、チャンピオンズリーグを狙うビッグクラブに厄介な問題を投げかけている。チャンピオンズリーグの優勝ボーナスは50億―60億円。ベスト16に進出すれば、最低でも10億円が懐に転がり込む。同時に、市場の拡大にもつながる。そこでの活躍は、知名度を国内はもとより、欧州、世界へとワールドワイドに広げる波及効果がある。レプリカユニフォームに代表されるグッズの売り上げにも大きな影響を与えるなど、計り知れないコマーシャルメリットが潜んでいる。

だが、日常チームをサポートするクラブ会員は、国内在住者で構成されている。ほぼマドリード市民。もっと言えばレアル・マドリー人だ。日ごろから同じ市内のライバルチーム、アトレティコ・デ・マドリーのファンを蔑《さげす》み、バルセロナにも敵対心を燃やす局地的な民族主義者たちである。彼らが自らの優位性をもっとも抱く瞬間は、平素の国内リーグ、リーガ・エスパニョーラの勝利になる。彼らは絶えず、月曜日の新聞に掲載される国内リーグの順位表を気にしている。したがって、クラブ側はチャンピオンズリーグ優勝だけを目指して戦うわけにはいかない。国内リーグ優勝もセットで掲げないと納得されにくい。

だが、現実問題として、日程は過密だ。国内リーグを戦った3日後にはチャンピオンズリーグが待ち構える。どちらかにプライオリティーをつけなければ、長いシーズンは乗り切れない。究極の選択を強いられるわけだ。そこでチャンピオンズリーグに手抜きのメンバーを送り込むチームはどこにもない。背に腹は代えられないからだ。実際、一つのクラブが、2つのタイトルを同時に手にした例は数少ない。

その意味で言えば、デルボスケは過去2シーズンを、とても巧く乗り切った。最初のシーズンはチャンピオンズリーグ制覇。2シーズン目は国内リーグ優勝。外と内の使い分けは抜群だった。局地的郷土愛に燃えるファンと世界の市場へ向けて、バランス良くレアル・マドリーの名をアピールした。

さらに、デルボスケはこの見事な関係を、さらに2年間維持することに成功した。2001―2002年はチャンピオンズリーグ優勝（国内リーグ3位）、2002―2003年は国内リーグ優勝

(チャンピオンズリーグ・ベスト4)に、それぞれ輝いている。世界中のレアル・マドリーファンにとって、彼は最高の監督だったと言い表せる。だが、ペレス会長は100%満足していなかった。いまならそう考えられる。

選手は自分の立場をわきまえるべきであり、監督は偽善者であってはならない

レアル・マドリーは2001―2002年にはジダンを、昨季(2002―2003年)にはロナウドを獲得。「銀河系軍団」構想を着々と進行させていた。勝って当然のチームを完成させていた。そうした観点に立てば、昨季のチャンピオンズリーグ準決勝で、ユベントスに敗れ去ったことは、予期せぬ誤算と言える。

しかし一方で、チーム内に混乱は生じなかった。デルボスケは不協和音が噴出しかねないこの銀河系軍団を、まとまりのある集団に仕立て上げていた。選手間の対立、監督と選手の対立が表面化することはほとんどなかった。デルボスケは言う。

「サビオ、マクマナマン、フラビオ・コンセイソン、モリエンテスといった知名度、実績を持つ選手をベンチに置くことに、心は確かに痛んだよ。でも監督は、常に決断を強いられる立場にある。そしてその理由を選手に絶えず説明することはできないのです。それをしていては逆にミスを犯すという矛盾にも陥る。そうなれば説明を正当化させることがますます難しくなる。選手は誰でも自分が一番だと思っています。試合に出たいという欲も他の誰より持っている。

しかしそれでも、選手は自分の立場をわきまえるべきであり、また監督は、偽善者であってはなりません。遠くでもなく、近くでもない。もちろん友達でもない。普通の関係で私は選手と接しようと心がけました。これ以外にチームのムードを良くする方法はありません。その上で、選手の能力に見合った戦術を立てる。レアル・マドリーの監督の場合は、それに歴史あるクラブの立場なども常に頭に入れておかなければなりませんが、私はそうしたことをとてもナチュラルにやってきたつもりです。

幸い、選手はとても大人でした。スター選手がスムーズにチームに順応することができました。それぞれが受け入れる度量を持っていたこと、ビッグクラブに来た意識が強く、とても謙虚だったことなどがその理由です。彼らもまたナチュラルでした」

中でも一番心を痛めたことは？　と尋ねると「（チーム生え抜きのＧＫ）カシージャスの件だ」と言って、こう続けた。

「マドリディスモのシンボルで、また小さなころから知っている選手なので、レアル・マドリーのトップで活躍して欲しいという気持ちはもちろんありましたが、それでも私はチームのためになると思い、彼をサブに降格させた。とても心の痛む決断でした。でも、その2、3カ月は、彼にとってとても良い勉強になったと思う」

2001―2002年のチャンピオンズリーグ決勝、故障した先発ＧＫセサールに代わり、急遽途中出場したカシージャスが、レバークーゼンの猛攻を奇跡的なセーブで防ぎ、レアル・マドリーを9度目の優勝に導いたことは、いまだ記憶に新しい。しかしそれは同時に、そこまで苦戦を強いられたプレー内容への疑問につながっていく。チームのバランスは悪かった。攻撃に出たときはよかった。しかしいったん相手にボールを奪われると、守備の組織は混乱した。その混乱は、次第に攻撃にも悪影響を及ぼし、後半なかば過ぎからは、ほぼ守りっぱなしの状態に陥った。銀河系軍団がである。なにか釈然としない光景だった。

華のある選手の獲得に固執した会長との食い違い

ユベントスに敗れた2002―2003年（昨季）の準決勝も同様だ。攻撃力では数段上回るはずなのに、相手陣内に攻め込む回数は、思いのほか少なかった。まさかの敗戦だった。

デルボスケとペレス会長の意見の食い違いは、ここにあったといわれている。センターバック、守備的MFなど、チーム力アップにつながる現実的な選手の獲得を要求したデルボスケに対し、ペレス会長は銀河系軍団のイメージに相応しい華のある選手の獲得に固執した。

そしてレアル・マドリーは、マンチェスター・ユナイテッドからベッカムを獲得する傍ら、国内リーグで29度目の優勝を飾った24時間後に、デルボスケに対し契約延長はしないと通告した。「クラブの近代化」「戦術強化」「厳しさの欠如」。クラブ側が挙げた理由はこの3点だった。

これを受けて、デルボスケはその1週間後、スペインのサッカー専門誌、ドン・バロン誌に次のようなコメントを載せている。

「私だって、私なりにしっかりと選手を監視してきたつもりだ。それが完璧に機能したと思っている。彼らを指揮するのはとても簡単だったよ。結局、権力を振りかざそうとする人間は、何も支配できないんだ」

チャンピオンズリーグ優勝2回。これは歴代監督の中ではボブ・ペイズリーに次ぐ2位タイの実績だ。現役監督となるとオットーマー・ヒッツフェルト（バイエルン）ただ一人となる。僅か3年と数カ月の間に、デルボスケは欧州を代表する名監督の仲間入りを果たした。数字はそう語る。

しかし、チャンピオンズリーグで優勝して当たり前の戦力を抱えた中でのこの実績だ。彼の監督としての腕前が、そこにどれほど作用したかは分かりにくい。優勝して当たり前の戦力を抱えながら、2度準決勝で敗れたという事実を持ち出されると、さらに判断は難しくなる。監督の力ではどうすることもできない攻守のバランスを抱えていたという言い訳が、それに輪をかける。哀れな指揮官にも見えてくる。優勝して当然。準決勝で敗れればお払い箱。彼のぼやきが聞こえてきそうである。

それでも彼は、こちらのインタビューに対し胸を張った。

「アリゴ・サッキのミランや、攻撃的サッカーのアヤックスが、これまで欧州のサッカーを席巻し、一時代を築くことに成功しましたが、私たちも、自分たちの時代を築く意気込みで取り組んできました。欧州のサッカーシーンにとても良い影響を与えたと自負しています。お手本を示したと言ってもよいだろう」

実際、いま欧州で、両サイドを幅広く使う攻撃的サッカーは急激に数を増やしている。スペイン国内はもちろん、イングランド、フランス、守備的といわれるイタリアでさえも、変化は起きている。デルボスケの「守り勝つサッカーでは意味がない。結果を追い求めるだけでなく、内容にもこだわらなくてはいけない」という高貴な信念は、欧州のサッカーをスペクタクルな方向へと導いている。

どこかのクラブから監督として誘われたら、引き受けるおつもりですか？　と尋ねると、「もちろん、もちろんだとも」と言って、その膨《ふく》よかな二重あごをグイと引き締めた。

事実、成績不振に陥るチームから、複数のオファーは来ているそうだ。だが彼は、シーズンの途中からは受けたくないと、すべてを断り泰然自若に構えている。レアル・マドリーの監督時代には見られなかった一流監督ならではの凄みさえのぞかせながら。まだ53歳にすぎない。風貌からは長老をイメージさせるが、チャンピオンズリーグ最多優勝監督の座は、まだ十分に狙える年齢だ。このレアル・マドリー人の今後の動向は、注意深く見守る必要がある。そして同時に、カルロス・ケイロス新監督率いるレアル・マドリーにもである。

２００4年2月29日現在、国内リーグの成績は、2位をじりじりと引き離し、独走ムードも漂う。チャンピオンズリーグでも、難なくベスト16に進出した。この先、銀河系軍団はどのように推移していくのか。その行方をもっともハラハラ見つめているのは、当事者であるレアル・マドリー人ではないだろうか。

◆素顔の「レアル・マドリー人」◆

「レアル・マドリーの父」というより「スーパーマリオの父」という感じだ。顔の肉があごの輪郭を5センチも垂れ下がり、お腹も相撲取りのように突き出ている。動きもトドのようにスローだ。ベッカムとは対極をなす、笑いさえ取れる超オヤジ風情だ。だが監督を辞めたいまは、印象は少し変わってきた。ビシッと背広を着込めばまさに紳士。今の方が名監督に見えるから不思議だ。

第2章
五輪で勝つ鉄則「日本人の強みを引き出せ」

高野　進――東海大学陸上部コーチ

末続を導き、末続に導かれる幸福な関係

たかの・すすむ　1961年5月21日静岡県生まれ。吉原商高を経て東海大3年の時、400メートルで日本記録を12年ぶりに更新。91年の東京世界選手権で決勝に進出し、五輪、世界選手権を通じて短距離で日本人59年ぶりとなる7位入賞を果たした。翌年のバルセロナ五輪でも8位入賞。自己ベスト44秒78（91年）は現在も日本記録。95年から東海大コーチ。現在は同大体育学部助教授、日本陸上競技連盟の強化委員会・男子短距離部長を務める。

選手とコーチの能力は別物

2003年の夏、花の都パリで文字通り、大輪の花を咲かせた。二人三脚で歩んできた末続慎吾（ミズノ）が世界選手権の男子200メートルで銅メダル獲得という快挙を成し遂げた。同年の6月、末続が日本選手権で20秒03のアジア新記録を打ち立てた時もクールな振る舞いを崩さなかった高野進が、この時ばかりは人目をはばからず号泣した。

日本の短距離史上、五輪、世界選手権を通じて初めてとなるメダルは、「スプリント種目では日本人は戦えない」というこれまでの〝定説〟を覆す意義深いものだった。誰よりも、高野自身がその固

定観念の打破にひたすら挑み続けることをライフワークとしてきた男である。「私の終わりから末続が始まった」と語ったように、今は指導者として自分の夢を引き継ぐ才能を次々と生み出している。パリでは末続の他にも、宮崎久（ビケンテクノ）、山口有希（東海大）の教え子2人がリレーメンバーとして決勝の晴れ舞台に立った。

「高野先生から教わることは100％正しいと思って練習している。だから疑ってかかることはない」

高野にあこがれて入学してくる選手は少なくない。末続もその1人

そう言ってはばからない末続とのコンビに象徴されるように、教え子たちから寄せられる信頼は厚い。母校の東海大で50人以上の選手を指導している。

選手との関係は上意下達の一方通行ではない。末続とはどんな存在かと尋ねられると、高野は「運命共同体」「相棒」という言葉をよく使う。または「同志」

と表現することもある。これは高野が教えるすべての選手にあてはまるという。先達たちが到達しえなかった未知の領域に踏み込んだ今、高野は選手と一緒に戦うことで扉を開けようとしている。

もっとも、理想的な関係は、最初から築くことができたわけではない。今の成功をつかむまでに、少しばかりの挫折と回り道も経験した。

末続がパリで快走した12年前、高野は東京で行われた第3回世界選手権で歴史をつくった。男子４００メートルに出場し、短距離種目では１９３２年のロサンゼルス五輪、吉岡隆徳（１００メートル6位）以来となる決勝に進出して7位入賞。日本人にとってははるか遠くにあった「ファイナリスト」の夢を実現させた。

今でこそ、末続、ハンマー投げの室伏広治、４００メートル障害の為末大などスプリント、パワー系種目で活躍する選手も増えてきたが、五輪や世界選手権となると、日本勢はマラソンしか戦えない時代が長く続いてきた。高野が活躍した80年代から90年代前半は、スプリント種目の世界のレベルが非常に高く、ドーピング（禁止薬物使用）の管理体制も今より緩かった。そんな時代にあって、高野は男子やり投げで当時世界歴代2位の記録をつくった溝口和洋と並んで、世界の強豪と伍《ご》していける数少ない日本人アスリートだった。東京世界選手権翌年のバルセロナ五輪は、32歳で再び決勝に残り8位入賞。年齢を重ねてからも記録を伸ばし続けた、日本陸上界の重しのような存在だった。

輝かしい現役時代の実績は、日本の短距離指導者の中では唯一無二のものである。コーチ業もさぞ順風の一途をたどってきたと思いきや、本人の思いは大きく異なる。

「選手とコーチの能力は全く別物。実際、最後までスランプもなく右肩上がりだった現役生活に比べ、指導者業はなかなか軌道に乗らなかった」

高野が東海大の陸上部コーチに就任したのは1995年4月。いまに至る指導者としての原点は、その前年の米国留学にある。

バルセロナ五輪が終わった後も、不完全燃焼の思いがあり、引退表明はしていなかった。だが、会う人会う人、「次は指導者だね」と判を押したように言ってくる「元来がへそまがりな性格」（高野）は、他人に勝手にレールを敷かれたようで気にいらなかった。大学の研修留学制度を利用した渡米もコーチの勉強ではなく、むしろ選手としてだった。「格好つけた言い方をすれば、アスリートとしての死に場所を求めたんです」。人知れず、ボロボロになるまであがいてみるつもりだった。

一つの出会いがその後の陸上人生を大きく旋回させた。陸上界のスーパースター、カール・ルイスを育てた名伯楽、トム・テレッが指導するヒューストン大の練習に参加する機会に恵まれた。しかし、高野はテレッの前で披露した走りを徹底的に批判された。

「もうボロクソ。なんで日本人はわざわざ重い物を背負って走るんだ、と言われた。こっちも最初は何が何だか分からない。何より自分が20年以上かけてつくり上げたものを全面否定されたようなショックを受けた」

日本では長い間、ももやひざを高く上げ、強い腕の振りと地面を蹴るような走りが常識とされてきた。だが、テレッが求めたのは全く異なる動き。今の末続の走りに見られる、ももやひざを高く上げず、重心も低く落として滑るように進む走法の原型がそこにあった。

テレッに言われたフォームであれこれ試行錯誤を繰り返すうちに、高野の中でも新たな世界が広がりそうな気がしてきた。だが、その可能性を追求するには自分の体はやはり年を取りすぎていた。高野は引退し、後輩たちへの伝承を決意する。1年間の留学期間を終えて帰国すると、母校の短距離コーチに就任した。

ちょうど同じころ、高野と別ルートで新たな走りを模索していた選手がいた。東海大の後輩で、後に100メートルで10秒00のアジア記録をつくる伊東浩司である。バルセロナ五輪のリレーメンバーに選ばれながら、本番で一度も走ることのない屈辱を味わった伊東は、鳥取のトレーニングジム「ワールドウイング」の主宰者、小山裕史に師事し、フォーム改造とそのために必要な筋力アップに取り組んでいた。それは高野が目指す走法にとても近いものだった。米国から帰国後、目の当たりにした伊東の変身は、第二の陸上人生を始めようとする高野の背中を強く押してくれた。

独創的な走法や理論は、選手のアシストなくしては生まれ得ない

だが、意気込みはいきなり空回りした。それまで教わってきた「常識」と異なる指導に、学生たちが一斉に拒否反応を示した。東海大陸上部は低迷期を迎え、インカレ入賞者もほとんどいないころだった。ただでさえ、チームの士気が低いうえに、高野の持ち込んだ新しいスプリント理論は部内に混乱を招いた。

朝練習をやっても、顔を出すのは50人の部員でたった3、4人だけ。学生たちに呼ばれて出向いてみると、反乱集会のようなものまで開かれたこともあった。それでも無理に教え込もうとすると「高野先生だからできるんですよ」。

邪魔をしたのは「世界のタカノ」という肩書だった。

「バカらしいと投げ出しそうになったが、僕にも意地があった」と高野は言う。現役時代の栄光に傷がつくことも我慢がならなかった。ただ、今までと同じやり方では何も変わらない。高野はまず、チームの土壌を変えようと自らスカウティングに動き出した。「畑を耕さないと、せっかくの苗も枯れてしまうと分かったんです」。それを「戦略」と言うのはいかにも高野らしい。

単純に優秀な選手をかき集めたのではない。それまで東海大の付属校や関東近県のエリート選手中心だったスカウト網を、高野は関西や九州に広げようとした。「地方の子ほど東京で一旗揚げようという心意気があるでしょう」。それまでの東海大は、不調になるとすぐに母校の高校に戻って練習したがるような選手が目についた。高野はもっと骨太で野心に満ちたような選手が欲しかった。高校時代の実績よりも性格や素材に目を光らせ、自らの筆の力が生きる、真っ白なカンバスを探した。

その釣果が末続（熊本・九州学院）であり、パリ世界選手権代表の宮崎久（福岡・八女工）、2001年のエドモントン世界選手権代表の藤本俊之（兵庫・社）、2002年釜山アジア大会代表の奥迫政之（広島・皆実）だった。小学生のころ、高野の現役時代の雄姿をテレビで見た末続は、直接学校まで訪れてきたあこがれの人を前に「入学を即決した」という。4人の成長とともに、高野の教えも部内で浸透するようになっていった。4人が主力となった2001年の日本インカレでは、短距離、リレーの男子全5種目を制覇した。

コーチ就任当初の苦い経験を乗り越え、現在、高野と教え子たちは互いを必要とし合う信頼関係で結ばれている。高野の現役時代を指導した宮川千秋・東海大陸上部副部長は、「学生の心身の成長とシンクロした指導ができるようになった」と目を細める。かつての恩師の言葉通り、高野は大学4年間での促成は目指していない。末続の場合は入学してくると、8年ないし10年単位で大成させる計画を描いた。

178センチ、68キロの今もそうだが、入学当初の末続は一段と細身できゃしゃだった。走ると、上体が暴れ馬のように激しく揺れていた。そこで高野はまず、末続にウエートトレーニングを本格的にさせようとした。だが、末続が器具を使って筋肉を太くすることをあまり望んでいないと知ると、腹筋、腕立て伏せなどの補強運動、徹底した走り込みで体幹部を強化させていった。末続の最大の武器である体全体のバネを失うことなく、より効率的で洗練されたフォームをつくり上げようとしたのである。

過去の失敗からも学んだ。コーチになりたてのころは、先生と生徒、師匠と弟子という上下関係の意識を強く持ちすぎていた。加えて、現役時代に輝かしいキャリアを残した自分の言葉を、学生たちは何の疑いもなく聞いてくれるものという甘い考えが多少あったのも事実だ。そこへあまりにストレートに新たな技術論を持ち込んだばかりに、学生たちはアレルギー反応を示した。「僕の中にも未熟な部分はあったと思う」と高野は振り返る。

今では、練習中に絶え間なく生まれる学生たちの笑いの輪に、高野の姿を見つけることができる。かつて、無意識のうちに自分の下に配列していた学生たちを、今は「最も頼もしいパートナー」ととらえるようになった。それからすべてがうまく回転し始めた。

実際、その独創的な走法や理論は、選手のアシストなくしては生まれ得ないものばかりだ。選手がトラックを走る姿からひらめきをもらう。それを材料に知恵を絞り、また選手に新たな技術のヒントを授ける作業の繰り返し。その相互作用は、ドライバーの感覚（感想）を頼りに、エンジニアが微妙なセッティングの変更を繰り返す自動車のＦ１の世界にも似ている。末続は「日ごろから先生はいろんな選手の意見を聞いて、練習などに取り入れようとしている」と話す。授業の都合で選手は入れ替わり立ち替わりグラウンドに顔を出すが、すべての選手の練習に付き合う高野はグラウンドに７時間以上出ていることも珍しくない。その時間が、多くのアイデアを高野に与えてくれる。

理屈ばかりが頭の中を占めると、せっかくの豊かな感性が鈍って成長しない

選手を導き、選手に導かれる幸福な関係。それが最良の形となって表れているのが、末続との二人三脚だろう。

高野によれば「こちらが与えた少しのヒントをどんどん膨らましてくれる。例えば、理論や技術はいくら教えても実践できる子は限られている。それがあいつの場合、〝Ａ〟という一つのものを教えると完全に理解するだけでなく、自分で〝Ａｐｐｌｅ〟まで膨らましてしまう」。

昨年、末続の速さの秘密として一躍注目を集めた「なんば走り」も、そうである。江戸時代の飛脚が用いたとされる「なんば」は相撲のすり足、てっぽうの動きと同じく、右足と右手、左足と左手を同時に前に動かす古武術の動きの一つ。習得すれば、力みなく推進力を得ることができるという。

世界のトップアスリートの走りになんばの要素に似たものを感じ取った高野は、末続に「こんなのもあるよ」と言ってみた。すると、末続は「（スピードが落ちる）終盤の走りに使えそうです」と自分流の解釈を加えながらモノにしてしまったという。実際になんば走りをすることは不可能だが、腕の振りのタイミングを参考にすることで疲れが出るレース終盤もバランスが乱れなくなった。パリの決勝レースで見せた直線に入ってからの伸びは、そんな創意工夫のたまものだった。

高野は、こうした末続のセンスを最大限に生かすように心がけている。ウエートトレーニングを強制しなかったのと同様に、これまで理論を無理に教え込もうとしたことはない。

「理屈ばかりが頭の中を占めると、せっかくの豊かな感性が鈍って成長しない」

2年前から、フォーム動作を解析するバイオメカニクス、体組成を測定するメディカルチェック、栄養士によるカウンセリングなどのサポートを受けさせているが、いずれも必ず高野を介して末続に情報が与えられるようにしている。「高野先生が僕のレベルまでかみ砕いてから教えてくれる」と末続。入学時から肉体とフォームを丹念に時間をかけてつくり上げてきたように、アドバイスのさじ加減一つにも気を配っている。

感性を大切にするのは、高野自身にも共通することである。「クリエイターという意識でやっている」と高野は言う。最先端の理論や情報を収集しようと研究論文などにはマメに目を通し、学会などにも積極的に顔を出す。だが、それらはあくまでヒントを与えてくれるきっかけでしかない。トム・テレッツとの出会いで新たな挑戦に目覚めて以来、自ら走って試行錯誤することも忘れない。

一種の有名税みたいなものだろう。さまざまな形で「高野理論」が紹介されるたびに、最近では「あれを最初に言ったのは私」という声があちこちから上がるようになった。だが、高野は全く意に介する様子はない。「実践できない理論なんて意味がない。僕らはイメージの世界を具現化、商品化できるかが勝負」ときっぱりと言い切る。むろん、自らの成果を独占する気はない。学会や関係者の間で、指導のノウハウは積極的に伝授している。

パリの世界選手権も今となっては振り返ることも少ない。末續は「もう終わったこと。通過点でしかない」と語っているが、高野にも同様の思いがあるのだろう。むしろ、これまで未知の領域と思ってきた世界に足を踏み入れたことで、さらなる欲求が頭をもたげている。

2003年から今年にかけての冬、教え子に課した練習は質、量とも一段と厳しさを増した。選手をおんぶしての坂道ダッシュやキャンパス近くの平塚海岸での砂浜走。8時間ぶっ続けで起伏の激しい芝のコースを走ったりもする。

「見た目は泥臭い根性練習」と認めるメニューには、高野なりの哲学と意思が込められている。「僕はメンタル（精神力）、フィジカル（肉体）、スキル（走法）をすべて一緒に鍛えようとしている。トレーニングを効率化、分業化したのが西洋のやり方なら、自分は東洋や日本古来の良さを生かした方法でやってみたいと思う」。

末續が「いったい、この人に限界はあるのかなと思う」と話すとおり、その野心ははてしなく広がっている。

指導者になって10年目という区切りの年にアテネ五輪を迎える。「まだ、自分が天下を取ったとは思っていない」と高野は言う。100メートル9秒台に代表される記録への挑戦、五輪でのメダル獲得、そして第二、第三の末續の輩出……。ドーピングに対する監視の目が厳しくなった昨今、スプリントは筋肉量、すなわちパワーで勝負する時代が終焉し、技術で戦う時代に入ったと高野は見る。そこに、日本人が戦える可能性を見いだし、より洗練された走りを「相棒」たちと追求し続ける。

「時代の最先端を行く挑戦をしている自負はあります」

ほどよい力みとほとばしる情熱が、指導者・高野をますます加速させている。

◆記者が見たリーダーの素顔◆

世界選手権の後、末続と高野を取り囲むマスコミの数は一気に増えた。高野は「アテネに向け最も警戒すべきはメディア」と予防線を張る。本人も取材されることはあまり好まない風だが、ひとたび記者に囲まれると独演会が始まる。要は照れ屋。スプリンターの性《さが》か、目立つことは嫌いじゃないのだ。話し好きだけあって、ボキャブラリーも豊富。「なんば」「忍者走り」といった言葉は、陸上を知らない世間の注目も集めた。「日本ならではの言葉で、海外の耳目や関心を引こうという狙いもあった」と明かす。メディアの力を借りなくとも、高野自身がなかなかの宣伝上手である。

宇津木妙子――女子ソフトボール日本代表監督

極限まで追い込むのが勝つための愛情

うつぎ・たえこ　1953年4月6日生まれ。埼玉県川島町出身。川島一中でソフトボールを始め、星野女子高を卒業後、実業団のユニチカ垂井へ。内野手として活躍、74年世界選手権代表になる。85年現役を引退後、日立高崎（現日立ルネサス高崎）の監督に呼ばれる。90年北京アジア大会日本代表監督、正式競技となった96年アトランタ五輪で代表コーチ。97年再び日本代表監督に就任、2000年シドニー五輪で銀メダルを獲得した。2003年、日立ルネサス高崎監督を宇津木麗華に譲り、総監督になった。

「全員、一緒に、厳しく」一匹狼をつくらない

始まりは強烈だった。

「監督は絶対だ。この方針が気に入らないなら帰ってほしい」

1997年、代表監督に返り咲いた時、真っ先にスタッフ、選手に告げた。コーチとして参加したアトランタ五輪は、所属チーム単位の派閥が存在するなど大会前から不協和音がもれ、チームがまとまらず4位に終わった。シドニー五輪では、そんな勝負以前の問題で負けたくなかった。ただ、こう

付け加えるのも忘れなかった。

「わがままで、間違ってても押し通すことのある人間だけど、聞く耳はある。何でも言ってほしい」

背水の陣を敷く理由はほかにもあった。90年、初めてソフトボールが国際大会の正式競技に採用された北京アジア大会でも宇津木は監督を任された。当時は大会期間中、全競技の監督が連日集められ、ミーティングが行われた。〝新参者〟である女性への視線は冷たい。「選手に愛想がない」という、およそ勝負事とは何の関係もないことまで選手団幹部の小言の対象になった。スポーツ界では古今東西、実績に乏しい者が認められないのは仕方がないと分かっていても「本当につらかった」。

だからこそ、結果にこだわった。

先制パンチにもかかわらず、誰一人として席を立たなかった。まず徹底させたのは時間厳守とあいさつだ。「あいさつは呼吸の一つだから、続けることで相手の気持ちが分かるようになる」。宿舎ではそろっていないスリッパを蹴り上げ、きちんと整頓させた。体調を崩した選手が「コホン」と一度でも咳をしようものなら直ちに別室に隔離、完治するまで一歩も外に出さない。準備体操中、私語を交わした選手には丸一日、体操しかさせなかった。もしかしたら、練習について話していたのかもしれない。でも、これから気合を入れようというときだから、言い訳は聞かない。選手の食欲が落ちてしまう真夏、「我ながら嫌だな」とは思いつつ、弁当箱が空になっているか、むいたミカンの皮まで持ってこさせて、チェックした。

グラウンドに出れば、1分間に40本以上という速射ノックで、息つく暇を与えない。ノックは複数の選手を同時にグラウンドに立たせて競争心をあおる。最初は「私が上」と余裕を漂わせる選手も、だんだん「あいつには負けたくない」という気になり、最後は「自分に負けられない」という境地に入っていく。体に技術を染み込ませるために「ボールは前で捕る」「最後までボールを見て打つ」など、子供のように口で唱えさせながら、ノックを受けさせ、１０００回以上も素振りをさせる。「人生（試合も）山あり谷あり」を実感させるため、天城山を登らせたこともある。

食べたくない、話したくもない。合宿では必ず選手をそんな極限状態まで追い込む。甘える子なのか、あきらめない子なのか……疲れ果てたときに分かる最も楽なフォームとは……ギリギリまで心身を追い込んで、初めて見えるものがあると信じるからだ。

「無謀の手前の限界まで追い込ませるのは、指導者の力。人間、追い込んだつもりでも追い込めないもの。特に、女は本能的に余力を残すから」。自分も身に覚えがある。選手時代、ノッ

選手とはがっぷり四つで話す。きっちり話すことで着地点を見つける

クでダイビングキャッチして転んだときを狙ってひと息つこうとしたものだ。

もっとも、故障は絶対にさせない。ウオーミングアップを見れば、選手の調子は一発で分かる。「ケガしそうだな」と判断すれば、椅子に座ったままティー打撃をさせたり、時にはわざと雷を落として一日中立たせたり、別メニューのランニングを命じる。

ひと昔前の〝スポ根ドラマ〟を彷彿とさせる厳しさは「私が選手なら反抗してるかも。ベテラン選手も素直にやるんだから、頭が下がる」と苦笑する。それもこれも、一つのミスが命取りになる、魔物が棲むという五輪を勝ち抜くには、日常の中にも隙をつくってはならないと思うからである。

「全員、一緒に、厳しく」にこだわるのは、一匹狼をつくらないためでもある。日本代表は各チームの花形ばかりが集まる。中には「自分が投げた（打った）から勝った」とのたまう剛の者もいる。そんな選手には「自分のおかげ、なんて思っていると、いざというとき、不思議と打線が援護してくれないものよ」と説く。また、そういう選手ほど「今日は何となくノリが悪い」と自分を甘やかす傾向がある。個人競技なら自業自得で片づけられるかもしれないが、ソフトボールはチームスポーツであり、9人が見えない糸につながれて連係する球技である。狼の強さは必要でも、狼の気まぐれは不要。「フォア・ザ・チーム」の精神がなければ、ここ一番で足元をすくわれる。グラウンドに入ったら勝利に一丸となれる選手でないと戦えない。だからこそ、極限まで追い込み、中途半端なプライドや甘えをそぎ落とすのだ。

チームが注目を集めれば、花形集団の中にさらにスターが生まれ、取材が特定の選手に偏るものだ。そんな選手が取材を面倒くさがるのも許さない。「（取材に）呼ばれない子の気持ちを考えたのか」と。

誰だって少しくらいは注目されたいものだ。時には「今回は全員に聞いてください」と、メディアに頭を下げたりする。

逆のタイプの選手もいる。日本リーグでは華々しい活躍をしていても、海外遠征に出ると、体力が続かなかったり、チャンスに途端に打てなくなる選手もいる。こんな選手は周囲がどんなに押しても、代表には残せない。ただ、選手にいきなり代表落ちを告げることはない。

「チャンスになると、打席でどんな気持ちになるの?」

「体力がないと選べないのは分かるでしょ。五輪は10日近く連続して真剣勝負が続くんだから」

選考が始まる前に弱点を告げ、残せないとなると発表前に必ず、一人ひとりに納得のいくまで説明する。

本当に相手を思いやれば、厳しく接しても「見てくれている」と選手は受け取る

親に大事に育てられ「甘やかされてるな」と感じることがないわけではない。しかし、いつ不満が爆発してもおかしくないほど選手には厳しく当たっているのに、日本チームの雰囲気は和やかなのが「不思議よね……。本当に選手たちはソフトボールが好きなんだと思う」と宇津木。

しかし、日立ルネサス高崎のマネジャー、吉野弘美は少し違う見方をする。吉野は一度、別のチームに移籍したが、すぐ宇津木の下に戻ってきた。

「監督は『勝つ』という目標を明確に示してくれて、それに向かって計画を立てて、きっちりこなしていく。だから、選手もやりやすいんです」

外の空気を吸ってみて、宇津木のやり方のありがたさが分かった。それに「言うことに裏が全くない。叱り飛ばした後には、必ずフォローしてくれる。日立ルネサス高崎以外の選手にも、日本リーグで対戦するたびに相手側のベンチに声をかけに行っている。この人と頑張ろうって思えるんですよね」。

もちろん、波風は立つ。宇津木麗華を筆頭に、よく食ってかかられた。宣言通り、がっぷり四つで話した。「気を使ってたらダメ。真剣勝負なんだから」。時にはものすごい言い争いにもなる。でも、きっちり話すことで着地点を見つける。そのための準備は怠らない。日本代表に呼ばれた選手には自分の性格をリポートに書いてもらい、個別に面談する。練習中のちょっとしたしぐさ、食事中の会話から、性格を探っていく。

「これは女性の利点かも」というのは、入浴タイムだ。宇津木が最もリラックスできる場所という風呂には、何時間でもつかっていられる。次々と入ってくる選手と、たわいのない話をする。

「ちょっとニキビがたくさんできてるけど、どうしたの？」

「タレントの○○に似てるよね」

食事の時はいつも、女子校の修学旅行みたいな騒ぎだ。時折、選手が食の細い宇津木を気遣い、好きそうな料理を選んであれこれと運んでくる。「これはイヤ」なんて言ったり、宇津木も一緒になってはしゃぐ。そして、つぶやいた。

「こんなにかわいいのよ。なのに、嫌われることも言わなきゃならないんだから、因果な仕事よ。だからこそ、絶対アテネでは何とかしてやりたいの」

ソフトボールをメジャーにしたいから、青春をかけている選手に嫌な思い出だけは残したくないから――。ありったけの情熱を傾ける理由は、好きだから、それだけだ。その気持ちさえあれば、選手にも何かが伝わると思う。本当に相手を思いやれば、厳しく接しても、選手は「見られている」という管理の視線ではなく、「見てくれている」という愛情の視線と受け取ってくれると思う。

宇津木が初めて、日立高崎（現日立ルネサス高崎）に中国人選手を採ったとき、２００万円近い日本語学校の学費をポンと出した。宇津木麗華の親類が病気と聞けば、正月だろうと中国へ飛ぶ。毎年、選手の成人式には休みを取り、その両親を出迎えて会場に連れていく。洗濯物をコインランドリーに運ぶ新人選手を自分の車に乗せ、コーチ兼務になった選手が実業団のコーチ会議に出席するときは「ちょっとおしゃれした方がいいよ」と口紅を贈る。

「遺伝かな。父親がとても世話好きな人だったの」。ユニチカ垂井の選手時代はソフト部員以外の寮生の世話まで好んでしたという。

五輪は個々の強さの勝負、一生懸命なだけでは勝てない

チームワークをモットーに、シドニー五輪まで一心不乱に突っ走った。決勝まで破竹の8連勝。特に予選リーグでは米国に30年ぶりに勝ち、米国の公式戦連勝を１１２で止めた。しかし、決勝で米国と再度相まみえ、先制したが、追いつかれ、最後は延長の末、外野手のエラーで走者が返り、サヨナラ負け――。

試合後の記者会見、エラーのことを何度も質問された。「みんなで負けたんだ」。選手が答えた。誰も失策を責めなかった。

「本当は私が言うべきなのに……。選手はスゴイよ。あの負けは、私が投手起用を迷っているうちにチャンスをつぶしたりして流れを悪くしたから。監督は選手を信じるだけなのに、私に自信が足りなかった。あれが私の精いっぱいだったと思う」

さすがに監督を続ける気力はなく、辞表を出した。しかし、選手から、特に、日立高崎以外の選手から「辞めないで」と懇願された。決意を翻した。

「もう腹はくくってる。辞めればいいのでなく、責任をまっとうしたい」

一生懸命なだけでは勝てないんだ――。シドニーで得た教訓だ。チームワークは世界一だったが、一人ひとりに自信はあったかと思う。緊迫するシドニーの決勝で負けたのは、その差だろう。

米国のエース、リサ・フェルナンデスは「自分の体にはソフトボールの血が流れている。だから負けるわけがない」と公言する。「そんな選手に立ち向かうんだから、半端な負けず嫌いではね。何とかしなきゃと、私の血が騒ぐ」。シドニー後は、ことあるごとに言っている。

「五輪はね、個々の強さなんだよ」

日本人にもできるはずだ。昨秋、南京であったジュニア世界選手権決勝。日本は米国と対戦したが、地元の声援は圧倒的に米国びいき。しかし、選手は米国を完全にのんでかかり、99年大会に続く連覇を飾った。

「『私たちは負けるわけがない』というような、妙な自信を選手が持っていた。シドニーの銀メダルでジュニアも発奮されたというのはあるけど、シニアの選手にあの不敵なまでの自信を学ばせたい」

幸い、今、日本代表もいい感じで動いている。宇津木の考えが血となり肉となっている宇津木麗華、安藤美佐子、山路典子、高山樹里、斎藤春香らアトランタ組がどっしり構え、伊藤良恵、内藤恵美、増淵まり子らシドニー組が緩衝剤となってシドニー後の選手たちを引っ張る。日本代表で三番を打つ伊藤良恵（日立ルネサス高崎）は言う。

「心をひとつにするだけじゃ、五輪の戦いは成り立たないんです。みんなが自分の仕事を懸命にやって、気づいたらチームプレーになっているぐらいがいい」

シドニーからの4年はあっという間だった。２００２年世界選手権（カナダ）の準優勝でアテネ五輪への切符は手にしたが、米国にはやはり肝心なところで1点差で負け続けている。アテネを考えると落ち着かない。

２００３年のダイエー対阪神の日本シリーズ第6戦。王手をかけた阪神は第2戦でＫＯされた伊良部を再び先発させて敗れた。テレビ観戦していて宇津木はドキリとした。

「（星野監督の）情だと思うよ。監督というのは、あまり調子がよくないと分かっていても、これまでの功績を考えて、やってくれるんじゃないかと思うものなんだ」

日本リーグでは宇津木も選手の将来を考えて、そういう采配をすることがある。

「でも勝負がかかったときは、やっぱり一番の投手だよ。五輪は勝負に徹することが一番大切なんだ。基本的に私も情にもろいから気をつけなきゃと思った」

五輪への出場権をかけた野球のアジア予選、バレーボールＷ杯を見ても、頭の中でアテネの試合をシミュレーションしてしまい、夜明け近くまで眠れなくなる。「根が小心者だからねえ」。何年たっても合宿の荷造りは数日前からリストを作って準備する。忘れ物をしたら、選手に立つ瀬がないと思うと、気が気でないのだ。スレンダーな体形も、日立高崎で監督になってから、みるみるやせてそうなった。

ソフトボールはメダルの期待値というレベルでは日本でメジャーになりつつある。長年の夢だったが、かなってみると怖い。こういうときこそしっかりしなければ、日陰の存在に戻るのは早い。日本オリンピック委員会の格付けも「B」から、陸上、体操と並ぶ「A」へと格上げされ、以前には想像もつかないほどの強化予算が付くようにもなった。

「絶対、税金の無駄使いはしてはいけないと思う。スポーツの世界だったら、結果を出すこと。選手にもことあるごとに言っている」

2004年の幕開けに際し、選手全員にこうしたためた手紙を書いた。

「妥協はしないよ」

◆記者が見たリーダーの素顔◆

「よ、元気?」。低い声で親しげに声をかけてくる。サバサバしていてお話し上手、誰にでもオープンマインド。練習の見学にやって来た小学生をもすぐ虜《とりこ》にしてしまう。選手にからかわれているかと思えば、講演会などではシックな装いに変身する。何かと引き出しの多い女性。甘納豆など昔からあるような和菓子に目がなく、「今は忙しくて時間がないけど」絵を描くのも好き。小さいころから、スケッチブック片手に出かけ、山の風景などを描いていた。

山本英一郎——日本野球連盟会長

長嶋ジャパンが日本野球を「開国」する

やまもと・えいいちろう　1919年5月12日、岡山県加茂町生まれ。台湾の台北一中時代に選抜高校野球大会に出場。慶大、鐘淵紡績では外野手だった。アマチュア野球の審判員やNHKの解説者を務め、60年代から野球の国際化を主張。現在は国際野球連盟の第一副会長。日本野球連盟、アジア野球連盟はいずれも会長。アマとプロとの連携を進める全日本野球会議の幹事としても活躍する。日本だけでなく、キューバ、ニカラグアでも野球殿堂入りしている。

スペイン語を学び、ニカラグア、キューバなどと五輪正式種目化へロビー活動

「日本野球は鎖国時代の殿様だ」と喝破する。高校、大学、社会人、プロ野球それぞれが統括組織をつくり、互いにそっぽを向いてヒトもカネも情報も囲い込む。

「そう、この国の野球には〝廃藩置県〟が必要なんだ」

山本英一郎の願いは、サッカーのようにプロもアマも単一の協会の構成員にして、夢も危機意識も共有しあうこと。この40年、野球の国際化に奔走し、五輪競技への採用やプロの参加にも力を注いできた。野球人の目を「外」に向けさせ、団結力を高める。アジア野球選手権を勝ち抜いた長嶋茂雄監

督率いるプロ軍団が、アテネ五輪に出場するのも、そんな努力の成果だろう。

アジア野球選手権は7カ国・地域が参加し、2003年秋に札幌ドームで開かれた。アテネ五輪のアジア最終予選を兼ね、シドニー五輪でメダルを逃した日本は、初めてプロ選手だけでチームを編成した。

投手には上原浩治（巨人）、松坂大輔（西武）ら各球団のエースがずらり。一方の野手は大リーグ入りしたイチロー（マリナーズ）、松井秀喜（ヤンキース）の招集はかなわず、中村紀洋（近鉄）も故障で代表を外れたが、松井稼頭央（当時西武、現メッツ）や高橋由伸（巨人）、城島健司（ダイエー）らリーグを代表する選手が結集。長嶋監督が掲げた「フォア・ザ・フラッグ」を合言葉に、初戦の中国に13―1、続く台湾にも9―0と快勝。最終戦の韓国戦は緊迫した投手戦になったが、主将を務めた宮本慎也（ヤクルト）の適時打などで2―0と競り勝ち、公開競技時代を含め6大会連続の五輪出場を決めた。

山本が野球の国際化に目覚めたのは、日本中が東京五輪に沸き返っていたころである。野球はデモンストレーション競技として神宮球場で日米だけで寂しく試合をした。

そんな時、ニカラグア野球連盟カルロス・ガルシア会長の論文が目に留まった。

「野球の世界的普及には五輪が必要不可欠」

東京五輪以前は国際大会といえば「日米野球」しか頭になかった山本に、その一文は強烈に響いた。

「米国以外にこんな情熱を持ったヤツがいるとは」と胸が熱くなった。そして、デモンストレーション競技の日米野球の球審を務めながら「どうして野球が五輪の正式競技ではないのか」という素朴な疑問が強く心に刻み込まれた。

そこからは、自分の思いを遂げようとまっしぐら。東京五輪の期間中、当時のブランデージ国際オリンピック委員会（ＩＯＣ）会長に都内で面会し、野球を五輪に入れてほしいと頼んだという。会長からは「団体競技はナショナリズムの高揚につながるので、競技の数は増やさない」と拒否された。

陽気なラテン気質で、中南米と太いパイプを築く

それでもひるまず、後に国際野球連盟会長となるガルシアらと粘り強く活動を続け、１９８６年スイス・ローザンヌでのＩＯＣ総会でついに正式競技に押し込んだ。

72年、日本代表が初出場した世界選手権（ニカラグア）は、山本にとって転機となった大会だった。当時は日本社会人野球協会（現日本野球連盟）の常務理事を務め、世界選手権の日本側の窓口になっていた。役員としてチームに帯同し、小柄だがバネのある中南米の選手のプレーを見て直感した。「米国と全く違っていたのでとても新鮮だった。アジア人が野球を学ぶには最適のお手本」だと。その後も中南米を度々訪れ、野球を学ぶ傍ら、せっせとパイプを築いてきた。ラテンの仲間は姓をもじって「ヤミー」と山本を呼ぶ。政情不安定な中南米で革命や投獄をくぐり抜けた仲間もいる。ガルシアは米国の協力者と見なされ、ニカラグア国内で起きた反米の革命で逮捕された。山本はガルシアを獄中に見舞い、絆を深めたりした。

特にキューバとのパイプは山本抜きでは話が進まないほど太い。そのきっかけも72年の世界選手権だった。自国と対等に戦った日本に関心を示したキューバの大臣から「軍用機をニカラグアに回すから、帰国する前にキューバに立ち寄ってくれ」とせがまれた。大仰な申し出にさすがに断ったが、野球大国が発した日本への興味を山本は敏感にキャッチ。87年に開かれたキューバでの国際大会では「カストロ国家評議会議長の邸宅に呼ばれ、夜通し野球の話をした」というほどの深い仲になった。94年に50回目を迎えた都市対抗野球で、日本の社会人チームにキューバ選手を所属させ参加させたのも、山本の力だった。

野球界で主流のスペイン語を学んだのは50歳を過ぎてから。当時から英語は堪能だったが、「僕は中南米の彼らと直接、野球の話がしたかったんだ。それでスペイン語圏の彼らが英語で話すのを待つくらいなら自分で勉強した方が早いと思った」。当時社長を務めていた東京・日本橋の繊維会社まで、電車の中でＮＨＫのテキストを見ながら発音練習を繰り返したという。その努力が実り、わずか１年で習得。

「野球が好きなもの同士なのだから幼稚な単語しか知らなくても、気持ちは通じると思っていた。通訳を介したら、相手の心をつかむことはできないしね」

ロビー活動の巧みさに定評がある。酒を酌み交わし、「野球、女、何でも話をする。そこまでいかないと腹を割って話せない」。土地のものは何でも口にした。艶を好む陽気なラテン気質が性に合っていた。

２００８年北京五輪から、野球の五輪からの除外を検討した２００２年のＩＯＣ総会に、山本と同席した日本オリンピック委員会（ＪＯＣ）のある部長は、「（国際野球連盟の）ノタリ会長より山本さんの方が目立っていた」と話す。80歳を過ぎても意気揚々とＩＯＣ委員に語りかけ、引っ込み思案のアルド・ノタリ会長に「もっとしっかりロビーイングしろよ」とハッパをかけた。その総会で結論は先送りされたが、山本は決して安心はしていない。２０１０年冬季五輪の開催地を決めた２００３年7月のＩＯＣ総会にも顔を出し、委員たちに「野球をよろしく」と握手を求めた。ＩＯＣにもスペイン語圏の人間は少なくない。「苦労して覚えたスペイン語は今も武器になっているよ」。

アテネ五輪予選日程はテレビ中継に合わせ、異例の冠スポンサー付き

アテネ五輪予選を兼ねた札幌のアジア野球選手権は、日本のアマ球界のトップであると同時に、開催国の組織委員会会長の地位を最大限に活用した大会でもあった。

日本、台湾、韓国の3カ国に、一次リーグを勝ち抜いた中国を加えた1回戦総当たりの決勝リーグは、変則な試合方式で実施された。3日間休みなく、一日2試合を行うのだが、日本戦はテレビ中継に合わせるため、3試合すべて午後6時30分からの第2試合で行うことができた。

第1試合は12時開始。しかも第2試合で戦うチームの練習時間を考慮し、4時間を経過して同点の場合は、新しいイニングに入らず試合をそこで中断。翌日の午前10時から試合を続け、同11時までに決着がつかなければ両チームに0・5勝を与えるという極めて変則的なルールが設定されていた。試合の成り行きいかんによっては、10時再開の試合に出場したチームが、ナイトゲームの日本戦も掛け持ちする可能性もあったのだ。第2試合は試合が決着するまで行われるため、日本にその心配はない。不公平感のあるルールだったが、大会は平穏無事に終了した。

野球の国際大会は開催国の組織委員会が大会方式の原案を参加国・地域に提示し、テクニカル委員会などの場で討議される。アジア選手権も同様の手順が踏まれ、韓国などから異論が出たそうだが、最終的に日本側の主張が通った。同選手権の組織委員会会長を務めた山本は「どんな競技もホームアドバンテージはある」。予選リーグに出場したパキスタンやインドネシアなどには「彼らは木のバットに不慣れだから」と大会に備えて木製バットを無償で提供。参加国・地域の航空運賃も半分は日本持ちにした。そうしたさまざまな根回しの結果も、日本の五輪出場を後押しした。

また同選手権は「アサヒビールチャレンジ」という五輪予選を兼ねる大会としては異例の冠スポンサーがついた。協賛企業との競合を避けるため、JOCは五輪の予選や選考会にスポンサー名を付けることを規制している。そのため、日本野球連盟は「アテネ五輪アジア予選」という表記を大会のタイトルから外すことで、JOCから了承を取り付けた。

長嶋ジャパンは、アサヒビール、新日本石油などと2001年から4年の長期契約を結び、10億円を超える協賛金を集めたといわれる。その中からアテネ直前の合宿や遠征費などを捻出する。アジア選手権の日本戦の3試合は民放3社が1試合ずつ受け持ち、それぞれ1億5000万円の放映権料を組織委員会に支払ったとされる。「長嶋ジャパンはカネがかかるよ。選手村には入らないというし、コックさんもつれていくんだろ。（プロ・アマ混成チームで出場した）シドニー五輪より上のクラスの扱いをしなきゃいけないんだから」。

それでも山本が金メダルを目指す長嶋ジャパンに惜しみないサポートをするのは、日本の強さを世界に誇り、国際舞台での発言力をさらに高める狙いもあるからだ。

「プロ・アマ統合」へ長嶋ジャパンが巻き起こした熱を生かさない手はない

野球の普及にはカネが必要だと率直に語る。球場建設や用具代にかかる多額の費用が、野球未開の国々に二の足を踏ませる。そのため国際野球連盟は基金を設立。年間で約1億5000万円を野球の発展途上国に配分している。

「世界のアマ球界は貧しい国がほとんど。豊かな日本が貢献しないと」

2004年2月現在、国際野球連盟に加盟するのは112カ国・地域。人口の多いインドや身体能力の高いアフリカに原石がいると、山本は見る。それに磨きをかければ、選手発掘の新たなルートになり得る。だからこそ『日本のプロ野球はもっと世界に向けた投資しなきゃ』と語気を強める。

「僕は長嶋君のことを見当違いしていた。誰も彼のことをけなす人はいないくらい明るい性格の持ち主だが、それが災いして、一発勝負に強くない監督だと思っていた。でもアジア選手権での戦いぶりは見事だった。プロの選手たちがまるで高校球児のようにまなじりを決して、試合に臨んでいた。その雰囲気をつくり出したのだから」

以前はプロとアマが合同で話し合う全日本野球会議の場で「長嶋君には日本代表の監督ではなく、違う角度からチームを見てもらった方がいい」と監督の手腕に疑問符をつけていた。が、その評価がアジア選手権を境に一変した。

打撃投手や情報収集役を務めたアマ側の献身的な支援も長嶋監督が引き出した、と山本は見る。考えを改めた理由の一つには、持論である「プロ・アマ統合」を実現するために、長嶋監督が巻き起こした国内の野球熱を生かさない手はないと考えたのかもしれない。

アジア選手権後、プロとアマとの雪解けの機運が一気に高まってきた。2003年12月の全日本野球会議で、山本がプロ・アマの統括団体設立を提言すると、それに呼応するように、同会議の顧問を務める長嶋監督も「選手層の底上げをはかるために、プロのOBが指導できる環境をつくることを、社会人や大学、高野連にお願いしたい」と発言。2004年1月には日本高校野球連盟が条件付き(ドラフト制度のルール化など)ながら、プロ選手の球児への指導の解禁を決めた。

五輪出場、長嶋ジャパン、プロとアマの垣根を低く……。表面的には明るい話題が並ぶ日本野球だが、〝鎖国〟の時代から国事に奔走してきた山本の目には、ようやく惰眠から目覚めた程度にしか映らない。それほど国際情勢は切迫しているのである。

2006年に開催されるドーハ(カタール)のアジア大会は2002年秋の段階で、野球が実施競技に入っていなかった。カタール国内に野球連盟は存在せず、もちろん球場は一つもない。野球を存続させるために、山本は「ゼロから話をしなきゃいけないから苦労するよ」と笑う。野球の不毛地帯である中東諸国に種をまくのも、自分の仕事と心得ている。世界に散在する野球の空白区を少しでも埋めることは、IOC委員に野球を認知させることにもつながることを知っているからだ。

日本、アジア、そして国際野球連盟の役職は任期の切れる2005年までにすべて降りると山本は公言している。五輪での野球の命運を握るIOC総会も2005年、シンガポールで開かれる。あるいは、そこが、山本の〝死に場所〟になるのかもしれない。

「もしそこで野球が負けることになったら、えらいことだよ。日本のプロ野球の地位は一気に下がり、『昔、日本にプロ野球がありにけり』と過去形になってしまうかもよ」

野球の五輪存続問題も国内のプロ・アマ統一の動きもこれからが本当の正念場だ。「辞める前に今、吠えとけって思っている。これまで『早くくたばれ』と思っていたプロの連中も少しは対応が変わってきているしね。そういうタイミングを逃したら、もう成し遂げられないかもしれない」

長嶋監督が2004年3月に脳梗塞で入院した。その心配はいつも胸に留めている。それでも旧制中学からアマ一筋で歩んできた野球人生のラストスパートが、世界の、日本の球界の命運を握っている、というのは言い過ぎだろうか。

山本英一郎

◆記者が見たリーダーの素顔◆

頬がこけ、笑ったときにこぼれる上の歯は、斜めに傾いているように見える。神宮球場で会った第一印象は、失礼ながら「おどろおどろしいおじいちゃんだな」だった。しかし取材を始めると、大きな声でスパっと意見を吐き出す。アマ球界のトップに君臨しながら、自分たちだけの権利を主張することはない。「長嶋ジャパンがプロばかりなのは、アマ選手がだらしないから」と言い放つ。こうした直言を聞くにつれ、あの巨人・渡辺オーナーにも一目置かれる理由が分かる気がした。

鈴木陽二——競泳日本代表コーチ（セントラルスポーツ）

競泳界一の勝負師の「感じる力」と「動機づけ」

すずき・ようじ　１９５０年3月9日生まれ。新潟県村上市出身。順天堂大体育学部卒業。大学時代はバタフライの選手。71年秋からセントラルスポーツでアルバイト。72年の卒業後、入社した。セントラル市川のコーチを皮切りに、小岩の立ち上げにかかわった後、谷津へ移籍。79年、鈴木大地に出会い、88年ソウル五輪金メダルに導く。92年バルセロナ五輪ヘッドコーチ。94年からセントラルスポーツ常務、２００１年から順天堂大客員教授も務める。

フライング指示、バサロのペースアップ——すべてがあたった鈴木大地の金メダルレース

屈託のない、開けっ広げな性格。しかし、水泳にスイッチが入った途端、別人格が姿を現す。日本代表の青木剛監督いわく「日本競泳界一の勝負師」。１９８８年ソウル五輪百メートル背泳ぎ決勝、鈴木大地が金メダルを取ったレースは今も語り草である。

競技日程の終盤、それまで出れば予選落ちという戦績だった日本チームは、どんよりムード——。「僕がヒットマンになるから」。ヘッドコーチだった青木にこう告げ、鈴木が挑んだレースだった。

警戒すべきはポリャンスキー（ソ連）とバーコフ（米国）。この2人をどう攻略するか。

スタート下手を自認していたポリャンスキーは、よく故意にフライングをした。一度極限まで緊張を高めたライバルの集中を途切れさせられるし、フライングにならなければもうけもの、という発想。鈴木は大地に「フライングしろ」と指示した。フライングになっても予測範囲だから動揺しないし、ならなければポリャンスキーを出し抜ける。青木によると当時、五輪のフライングの判定はわずかに甘かったという。フライングのブザーは鳴らず、大地は絶妙なスタートを切れた。

ハーバード大在学中のバーコフには前から几帳面すぎる性格という印象を持っていた。そんな秀才をつぶすにはリズムを崩すに限る。そこでバサロキックの回数を増やすことにした。ライバルが突然ペースアップしたら焦るに違いない。いつもは21回のキック数を、鈴木は「25回」を薦め、大地は「27回がいい」。鈴木は大地の直感に従った。結果は焦ったバーコフは失速して2位、ポリャンスキーは大地よりスタートで出遅れての3位。打つ手すべてが図に当たっての金メダル。

「緻密で大胆。すべてが計算されていた」と大地は鈴木との日々を振り返る。

どんな大会でも、練習用のサブプールに入り浸るのが常だ。

「勉強の宝庫だよ。一流選手がいっぱい泳いでいるんだから」。ソウルならビオンディ、エバンス、今ならソープ、フェルプス……みんな一緒のプールにいる。本番のレースはここから始まるといっても過言でない。選手の動きで体調、心理状態が、調整法を見ればレース展開が読めるという。ソウル五輪でも、大地が仕入れてきたライバルの一人が風邪という情報を、泳ぎの悪さを自分の目で確認して随分レースプランが楽になったという。自分の教え子と直接関係のないレースに出る選手でも、目に留めておけば将来の参考になる。

選手がウォームアップする際はプールのど真ん中、4コースに陣取り、腕を組んで見守る。「パフォーマンス」と鈴木は笑う。「お前はすごいぞお」と派手に連呼したりして自信のあるところを見せつけもする。大きくて強そうに見える欧米勢も同じ人間、〝はったり〟に弱い選手もいるのだ。

鈴木自身も緊張はする。ロス五輪の国内選考会の前は落ち着かず、座禅を組みに行ったりした。でも、ソウル五輪のころからこう思えるようになった。

競泳の世界に入ったのはスイミングスクールのアルバイトから

「いやあ、五輪の緊張感を味わえるのはオレらくらいだって。幸せだなあって」

根っからの勝負好きで、負けず嫌い。五輪の戦いに鈴木が執着するのは、84年ロサンゼルス五輪でとても悔しい思いをしたからだ。大地は出場したが、決勝に残る力はなかった。鈴木も代表チームに入れず、スタンドにいた。周囲は「U・S・A」の大合唱、顔を上げればメーンポールは星条旗ばかり。「くそったれ、と思ったよ。真ん中に日の丸が掛からなきゃ、五輪に出たって面白くも何ともないなって」。

中学時代もそうだった。柔道部に入ったが、体重別に分かれていないから、体の小さかった鈴木はすぐに負ける。「頭にきてさ、柔よく剛を制すって言うでしょ、かにばさみや巴投げばっかり練習してた」。順大で水泳部に入ったが、キャンパスからプールまでが遠い。マージャンを覚えると、そっちの虜《とりこ》になった。「一年の秋には昼夜逆転。72時間不眠不休でしたこともある」。しかし、鈴木を競泳の世界へ導いたのもそのマージャンだった。

大学四年の時、体育教師を目指すと言いつつ、マージャンに明け暮れる鈴木を心配して、知り合いがセントラルスポーツの水泳コーチのアルバイトを紹介してくれた。やってみると、これが面白い。指導が上手くいくと、子供は悔しいくらいにどんどん自分より速くなる。マージャン狂いがたたり、教員採用試験は落ちてしまった。とりあえず誘われるままに、セントラルスポーツに就職した。

72年、世にスイミングスクールが出始めたころ、コーチから生徒集めまで何でもやった。ビラを配り、宣伝カーをつくってスピーカー片手に団地を巡回したこともある。「教え子に見つかると恥しくて」。故郷は海沿いの町だから、物心ついた時から泳いでいたが、正式に習ったことはない。「五輪選手だった後藤忠治社長に『下手だから泳ぐな』とか言われてね」。

水泳のバイブルともいわれた『The science of swimming』という本を何度も読み、コーチ仲間と徹夜で議論を交わした。理論武装はできたが、子供は見て体で覚えるもの。真似されるよう、手の入水角度から何から自分で練習した。だんだん、全国大会に出場する選手も出てきた。しかし、いくら教え方が上手でも、スイミングスクールに学校のような強制力はないから、子供はつまらないと辞めてしまう。あの手、この手で面白いレッスンを編み出した。

「今思うと、無駄が多かった」試行錯誤の日々が、人の心をつかむ術を磨いた。

選手に練習させるのは簡単だけど、休ませるのは難しい

「楽しいスクール」という評判も立ち始めたころ、所属のコーチが辞めて困っていた大地が移籍してきた。千葉県の大会で小学校のころから知っていた。タイムは目立たないが、抜群のリズム感があった。特に背泳ぎが光る。当時、中学一年。

「こいつで勝負をかける」

鈴木が最も大事にするのは自分の感性だ。選手の体調、心理状態を知るのはコーチとして当然で、「『どんなふうに』『どのくらい』そうなのか、感じ取ることが大事」というのが持論だ。何が良くて速いのか？　頭角を現す選手は必ず天才的な要素を持っている。「そこは手をつけてはいけない」。しっかり見極め、それ以外で足りない部分を伸ばす。そして一番大切なのは「動機づけ」だ。やる気がなければ続かない。その点、大地は一筋縄ではいかなかった。右向けと言えば左を向く、大地との格闘が、鋭い洞察力を養った。

まず、気が向かないと練習に来ない。自宅に電話をかけるとやって来たが、何度も繰り返すうちに、受話器を外すようになった。サボったときの罰ゲームを考えたが効果はなく、パドルの角でなぐったが、あんまり叩くと水泳をやめてしまいそうだった。

何年に一度の天才なのに、歯がゆい。中学三年の時、光明が見えた。中学ランキング5位の大地が予想に反して全国中学校大会の個人メドレーで3位に入った。大成すると見越して、わざとまだ背泳ぎに特化させていなかった。一生懸命になった時の集中力はすごそうだ。初の表彰台で自信も持ったみたいだ。「五輪に行けるぞ」と年賀状に書くと、目を輝かせてきた。やると決めたら、大地は絶対に妥協はしない性格だった。

「でもとんがってたからねえ、困ったと思う」と大地は笑う。83年秋、「来年は五輪イヤーだ。僕の家に下宿してロスを目指そう」と持ちかけると、「そんなことしなくても出てみせますから」と返ってくる。絶好調なのに記録が出ない理由を聞けば、「翌日の新聞の見出しがちらついちゃって」とうそぶく。腰痛が持病になり、起きあがれない日もある。追い込んだ練習がなかなかできない。

何を考えているんだろう？ どんな気持ちなんだろう？ どのくらい泳ぎ込めるのか？ じっと観察しては策を練り、時機を探った。「高校生のころから、よく話を聞いてくれるようになった。やる気を引き出すのがうまかった」。こう話す大地が忘れられない言葉がある。

「お前は天才だ」

ソウル五輪決勝に向けて入場する直前、かけられた言葉だ。緊張を解き、リラックスさせ、最高のパフォーマンスを引き出したい。ずっとそう思ってきたから「いつの間にか出ていた」と鈴木。「勝つ自信はあったけど、これは笑った」と大地が言うのだから大成功だ。

観察しつくした末、自然と口からこぼれる言葉は選手に染み入る。

２００３年世界選手権五十メートル背泳ぎで銅メダルを取った稲田法子は、92年バルセロナ五輪に中学二年で出たものの、次のアトランタは代表から漏れた。ショックのあまり、練習には参加しても身が入らず、惰性で泳いでいるだけだった。1年近くたったある日、ずっと見守っていた鈴木が、軽口を叩くように言った。「そんな風にしてても面白くないでしょ」。自分自身、このままではいけないなと思っていた稲田は「（胸に）くっと来た。タイミングがうまいんです。本人に気づかせようとしてくれる」。

2000年シドニー五輪で代表に返り咲いた。百メートル背泳ぎで金を狙っていたが、予測したように調子が上がらず、現地に入ると、稲田の調子はガタガタだった。鈴木は得意のマージャンに例えて「役満を取らないと逆転が無理なとき、パイの流れに逆らって手をそろえるでしょ。でも、それはやっぱり無理もある。本来、流れに逆らわないのが鉄則なんだから、追い込むだけ追い込んだら、チャンスが来るまで待つしかない」。稲田に与えたのは休息だった。そして、レース本番では5位に食い込んだ。

「あの時は誰もがダメだと思った。選手に練習させるのは簡単だけど、休ませるのは難しい。ものすごい勇気がいるんです」。平泳ぎの世界記録保持者、北島康介のコーチ、平井伯昌は敬うように言う。必要とあらば、根気強く〝待てる〟のも鈴木の強さだろう。

ポイントを突いたアドバイスがチームを動かす。日本代表の「コーチのコーチ」

研ぎ澄まされた観察力のなせる業。自分が受け持つ選手以外でも、泳ぎを見て瞬時に選手の心理、体調をつかみ、それを的確なアドバイスにつなげる。ソウル五輪以来、4大会続けて日本代表コーチを務め、その豊富な経験が競泳ニッポンを支える。水泳は個人競技だが、合宿から選手村の生活までチームで動く。チームの雰囲気が、メダルの数に直結する面がある。メダルラッシュと期待されながらゼロに終わったアトランタ五輪は、選手が若く、最初に登場した選手がうまくいかないと、ズルズルと引きずられた。シドニーで同じ失敗は許されない。「いっちょう、頼むよ」。レース当日の全体ミーティングで青木監督が鈴木にアジ演説を頼むと——。

「オリンピックはスポーツの戦争だ。隣で泳いでいるヤツをぶっ殺すつもりで泳いでこい」

トップバッターは田島寧子。ノリのいい田島には効果絶大だった。四百メートル個人メドレーで銀メダル。その後のメダルラッシュにつながった。「日本は島国だからかなあ、食うか食われるかくらいの心構えでいかないとやられちゃうんだよねえ」と鈴木。

ポイントを突いたアドバイスがチームを動かし、コーチのコーチという存在にもなっている。大地がメダルを取った時、鈴木は38歳。そのころの自分と同じくらいの年齢、ちょうど一回りほど年の離れた現在の日本代表コーチ陣が、かつての自分と重なる。

北島のコーチの平井が38歳で迎えた2001年世界選手権。百メートル平泳ぎで北島はシドニー五輪に続き4位に終わった。何が何でもメダルが取りたかった大会だ。「二百メートルこそ」と入れ込む平井。ホテルで同室だった鈴木が寝る直前に声を掛けてきた。

「欲が前に出過ぎている。康介が全力を出せるようにするのが先だろう。メダルはその後についてくるんだ」

すーっとつきものが落ちていくような心地がした。メダルにギラギラし過ぎて、肝心のやるべきことを忘れていたと気づいた。北島は二百メートルで3位になり、国際大会初のメダルを手にした。

翌年のパンパシフィック水泳ではヒジの故障を抱えながら、北島は百メートル平泳ぎに優勝した。ここで、平井の頭に鈴木のことがよぎった。立ち止まるべきときは立ち止まる勇気が必要だと。平井は北島に二百メートルの棄権を告げた。「ここで無理をしても、後の競技人生に響くだけだ」。北島の目はうつろだった。

鈴木が、大地も世話になった広島の鍼灸師を紹介してくれた。治療もあるが「こういう心持ちの選手がいると、チームによくないんですよ」と平井。その辺りの判断も鈴木にあったのだろう。3日間ほど大会の喧騒から離れたことで、北島は落ち着きを取り戻し、ヒジも回復した。北島は約1カ月半後、二百メートルで世界新記録を出すことになる。

「水泳界のカリスマ」。2003年世界選手権二百メートルバタフライ3位、中西悠子のコーチ、太田伸はこう呼ぶ。日本代表のコーチは、代表選手の専属コーチから選ばれる。人数に制限のある五輪は10人もその座につけない。二十年近く、その座に居続ける鈴木は日本では稀有な存在、世界にも「SUZUKI」の名は通る。「ああなりたいし、いつか超えたい」と太田。平井はもっと鼻息が荒い。「あれだけお世話になったから、超えるのが僕の使命。アテネで2個金を取らなきゃ」。

鈴木は楽しそうに笑い、張り合うように言った。「こっちも、お前らには負けるもんか!」。

水泳界は急速に高速化が進んでいる。男子の世界記録は、3つを除きすべてシドニー五輪後のものだ。イアン・ソープ、マイケル・フェルプス、アーロン・ピアソル、北島康介と、史上例を見ないほどのスーパースイマーが各種目に君臨する一方、イギリス、ドイツ、ロシアら欧州各国が力をつけ、層も厚くなっている。読みを一歩間違えれば、実力者も予選落ちの憂き目に遭う。勝負はきわどさを増している。

「『いかにしてそうするか』しか考えないんだ」と鈴木は言う。金メダルという明確な目標があって、それに必要な筋力、パワーをどうつけ、どんな戦略を取るかしか頭にない。年々、競争が厳しくなるから、『こうしたらうまくいった』と今までの練習を踏襲したり、並みのことをしても、絶対に勝てない。

「いつも未知の世界だよ。新しいことはやってみなければ結果は分からない」。過去にこだわり、挑戦し続ける勇気を忘れたらおしまいだ。順大水泳部監督、指導者となった大地は「頭が柔軟なんですよねえ」としみじみと話す。

飾らず、おごらず、いつも真っさらでいられる。ここに鈴木のすごみがある。

現在、稲田法子のほか、19歳の伊藤華英、森田智己を指導する。2003年世界選手権で伊藤は二百メートル背泳ぎ5位、森田は百メートル背泳ぎ6位にメドレーリレーでは銅メダルを取った。いずれもアテネ五輪ではメダルの射程圏内だ。

身長でときに20センチ近く差もある世界のライバルに、器用な日本人の技術と作戦で勝負する。それも世界中が見守る中で——。何が起こるかなんて、最後まで誰にも分からない。こんなにワクワクする勝負事が他にあるだろうか。だから五輪はやめられない。

アテネまで、あとわずか。勝負師の血はもう、うずき始めている。

◆記者が見たリーダーの素顔◆

いつも笑顔。少し訛りの残る口調、身ぶり手ぶりを交えてする話はめちゃくちゃ面白い。と同時に、どこか人をほっとさせる。バタフライの山本貴司選手は「おもろいおっちゃん」と評し、選手は〝陽ちゃん〟と親しみを込めて呼ぶ。笑えるのは、大地が順大進学を決めた時の話。順大と所属のプールから遠い大学との間で揺れていた。腰の手術で入院中だった鈴木は、寝たままの格好で大地の家を急襲し、両親と本人を説得。父親がその大学からの誘いを断るのを見届けてから病院に戻った。ちなみに、教員試験は入社2年目に合格。創立4年目の会社は忙しく、周囲には言い出せなかったそうだ。

鈴木陽二

金子正子──日本水泳連盟シンクロ委員長

速くパワフルな「スポーツシンクロ」で体形の差を克服

かねこ・まさこ　１９４４年4月12日生まれ。東京都出身。高校でシンクロを始め、東京家政学院大を経て、67年から東京シンクロクラブコーチ。88年ソウル五輪銅メダルの小谷実可子らを指導。84年ロサンゼルス五輪から96年アトランタ五輪までナショナルチームを率い、計7個の銅メダルを獲得。97年からシンクロ委員長。２０００年シドニー五輪でデュエット、チーム共に銀、２００１年世界選手権デュエットで金、チームで銀メダルを獲得。２００3年バルセロナ世界選手権でも金１個、銀２個を獲得した。現在、日本水泳連盟理事、日本オリンピック委員会情報・戦略専門委委員。

みんなが理解できるようなことを始めたらメダルはとれない

長ーくて真っすぐ伸びた足。バレリーナみたいな選手が次々と出てくる。それに比べて、日本選手ときたら……短くて曲がった足、背も低い。

「ああ、日本人がしてはいけないスポーツだわ」

もう30年以上も前、コーチとして初めて米国に遠征した時、金子正子は彼我の体形の差に打ちのめされた。この時、誓った。

「いつか欧米に肩を並べる、でっかいチームをつくる」

日本国内でも、シンクロナイズドスイミングはほとんどキワモノ扱い。コーチも選手も女性しかいない競技だが、スポーツ界のトップは男性ばかりだ。「女がワケノワカランことをやっておる……」。冷たい視線が突き刺さる。

大好きなシンクロを世に知らしめるために残された道は一つ、結果を残すことだけだった。

1984年ロサンゼルス五輪で初めてシンクロが正式種目に採用されてから、必ずメダルを取ってきた。「それは執念に近い情熱ね」と金子。シンクロが躍進したのは「女の意地」のたまものだった。

30年前はキワモノ扱いだった競技を、今では世界のトップクラスに育て上げた

その歩みを体現するのが金子であり、厳しい指導で知られる井村雅代（現日本代表ヘッドコーチ）である。

70年ころ、前後して選手からコーチになった金子と井村。片や東京シンクロクラブを束ねる「東の金子」、片や大阪の浜寺水練学校で頭角を現した「西の井村」。国内では激しくしのぎを削り合いながら、ナショナルチームが編成されると現場一筋の井村は〝監督〟として、指導の傍ら強化担当をずっと務め、日本水泳連盟や国外のシンクロ関係者と折衝を重ねてきた金子は〝ゼネラルマネジャー（GM）〟として、日本のシンクロを発展させてきた。そして、97年に現場を知る女性として初めて日本水連シンクロ委員長というトップの座に就くと、金子のGMとしての能力はいかんなく発揮されるようになった。

世界のトップを走るロシア選手は、完璧なスタイルとバレエを思わせる芸術的な演技で観客を魅了する。バックに流れるクラシック音楽への理解力、素養にも差を認めざるを得ない。そんなライバルに、同じ路線で戦っても勝ち目は薄い。金子は日本はとにかく速く、パワフルに動く、名付けて「スポーツシンクロ」で対抗する戦略を立てた。

それには、さらに運動能力を上げ、丈夫な体が必要になる。99年から専属トレーナーをチームに招き入れた。当然、おカネはかかる。苦々しい顔をする水連関係者への殺し文句は、

「メダル、取れなくてもいいんですね」

これまでの実績から、うなずかざるを得ない。2000年シドニー五輪はデュエット、チーム共にロシアに肉薄しての銀メダル。このシドニーは、金子にとって忘れられない五輪になった。

「遠くから見て『うわ、でっかい』と思ったのが日本選手だった。30年前のことを思うとうれしかった」

井村の最大の理解者でもある。「あの、石にかじりついても勝ち切る強さは勝負事には欠かせな

い」と言う。時に、井村はプログラムのテーマに突飛なものを選んでくることがある。職人気質で周りがついていけないこともある。２００１年世界選手権（福岡）で金メダルを取ったデュエットの演技に「パントマイム」という喜劇を提案してきた。音楽にはユニークな効果音もあり、反対意見は多かった。しかし、金子は井村を支持した。

「彼女がね、みんなが理解できるようなことを始めたらメダルはとれないのよ」

金子は、頂点を目指す者に必要なある種の〝狂気〟を井村の中に認め、井村は「多方面にとても有能な方。現場を本当に理解してくれる」と、金子のバランス感覚を認める。お互いに能力も持ち味も異なるからこそ、二人のパワーをシンクロさせたとき、単純な足し算以上のエネルギーが生まれるのかもしれない。

必ず結果を出させてくれるから、選手の信頼は絶大だ。チームでアトランタ五輪で銅、シドニー五輪で銀メダルを獲得した神保れいは「井村先生がお父さんで、金子先生がお母さん、という感じ。二人いると本当に心強い」と言う。

神保は高校一年から東京シンクロクラブでも金子に指導を受けてきた。アトランタの時は周囲から「メダルは無理」と渡米前から言われ、選手全員初めての五輪だったから不安は増す一方だった。しかし、選手村で金子は言い切った。

「あなたたちはメダル取れるわよ」

銅メダル争いのライバル・ロシアは前評判通りうまかった。しかし、練習を見ながら金子は「うま過ぎる」とも感じた。

「ここはスポーツの国アメリカ。勢いよく泳げば勝機はある。ただし、ロシアより後の演技順という条件が必要だけど……」

そこまで言い切って、実際に演技順も一番最後をクジで引き当てた。採点競技は総じて演技順は後ろであるほど有利。最高の演技順だった。金子の〝予言〟はアトランタのチームに自信と笑顔をもたらした。「金子先生が、白を黒と言えば『そうなんだ』と思える雰囲気がある。存在感が違う」と神保は話す。

採点競技で勝つには、自分の国をアピールし、ジャッジに印象づけることが重要

就任当初はよく言われたものだ。

「女がトップになって、絶対、シンクロは分裂する」

金子と井村をはじめ、全国のコーチ、審判をまじえて、つかみ合いのケンカでも始まるのではないかと外野は興味津々。しかし、逆に騒動はピタリと収まった。それまでも井村とは、しょっちゅう意見の衝突はあった。「ルーティンのここ変よ」など二人の議論は激烈だ。「あなたも引かないわねえ」と互いに思っている。しかし、考えていることが手に取るように分かるからか、不思議と、あうんの呼吸で落としどころは見つかった。

女同士、何となく通じ合うものがあるとも言えるし、二人が空中分解したら他国を喜ばせるだけ、日本シンクロ界にとって何の益もないことも分かっているのだろう。現場の苦労を知る金子がパイプ役になり、シンクロ全体の風通しが良くなったのも確かだ。

「思った通り。リーダーシップがあり、コンセンサスも取れる。将来を見通せる人だった」渋る金子が出張している間に独断でシンクロ委員長に任命した、当時の日本オリンピック委員会（JOC）会長で水連会長だった古橋広之進は語る。先見の明、交渉能力、政治センス……。「今じゃ競泳に匹敵するほどの強化予算まで獲得するんだから」と苦笑いする古橋。任命者の予想を超えた手腕の発揮と言えようか。

絶望的な知名度のなさに、お金もない。遠征費用も自己負担、練習するプールすら事欠く始末……。金子がコーチを始めたころは、これがシンクロの日常だった。池袋に千駄ケ谷、プールを求めての流浪の日々。時には、飛び込みプールで、飛び込み選手がドポンドポンと飛び込むすき間を借りて練習したこともある。競泳プールを借りても端っこの1コースだけ、それも水深1・3メートル程度、しかも長時間は借りられない。何にもないから「頭が回るようになるのよ」。

ウォーミングアップの競泳は、上下二層に分けて泳がせた。効率がいいだけでなく、底を泳ぐ選手は少しでも浮かべば、上の選手にぶつかるから、体力アップにつながり一石二鳥だ。端っこのコースは、他のコースを泳ぐ競泳選手が作る波が押し寄せてくる。おかげで、どんなプールでも足がぐらつかない選手に育った。

どうしても全面を使って練習をしたいときは、頼み込んで開業前の朝5時からプールを貸してもらった。まだ、清浄装置の機能が貧弱な時代、練習後は水中掃除機でプールのごみをかき集め、プールサイドをブラシでぴかぴかに磨き上げて返した。登校前からひと仕事、選手にはかなり酷な環境だったが「こんなところから五輪選手になったらすごいわよ」と選手に語り続けた。

ソウル五輪ソロ、デュエット銅メダリストの小谷実可子は「五輪選手なのに大変だね、ってよく言われるのが不思議だった。それが当たり前だと思っていたから」。人の好意に頼らざるを得ない選手生活は選手を自然と謙虚に礼儀正しく、周囲ときっちりコミュニケーションの取れる人間に育ててくれた、と金子は言う。

「情熱があれば、ないものも動かせる」が信念だ。かつて技術面で疑問が出たとき、井村と二人、ナショナルチームの選手を引き連れて、当時シンクロ界をリードしていたカナダと米国へ、トップ選手が練習するトレーニング施設に押し掛けたことがある。「本当は他国の選手なんて受け入れないのよ。あなたたちの勢いがあんまりすごいから……」。根負けして、細部まで練習を見せてくれた。

だが、情熱だけで勝てるほど勝負事は甘くないことも思い知らされた。92年のバルセロナ五輪である。

奥野史子・高山亜樹のデュエットは強かった。前年のW杯、五輪予選会共に2位、銀メダルは確実と思われた。しかし、五輪は3位。会場からはブーイングが起こった。そのころは、技の精度を見るフィギュア（規定）があり、観衆の前では行われなかった。この得点が加算され、カナダに逆転されたのだ。

「悔しかった。こんなにいいルーティンを完璧にやっても勝てないなんて……」

当時、シンクロ界における米国とカナダの力は圧倒的だった。世界中にシンクロを普及した両国は五輪でも世界選手権でも1、2位を常に独占、審判は土壇場で日本に高得点を出さなかった。「現場で頑張るだけじゃだめなんだ」。

どうしてもシンクロをメジャーにしたい、試合で勝ちたい。それに向けて「明確な目標を掲げて、必ず貫徹する」という強い意志を持つ。「人間ね、追いつめられると、引くか、死ぬ気で飛び越えようとするか、どっちかしかないの。迷ったら絶対強気」。後は目的に向かってまっしぐら。といって、ただ突っ走るだけでは早晩、失速する。「徹底的に情報を分析、理路整然と道筋をつけることが大前提」とも。

金子は考えた。採点競技で勝つには、長い時間をかけ、自分の国をアピールし、ジャッジに印象づけることがとても重要だ。最高峰の大会、五輪に向けて、その前の3年間でアピールしたすべてがメダルの色に直結してくると。

五輪により近い大会の結果が最も影響するのだが、新興国は一、二度いい演技をしても、五輪本番になれば、順位が覆ることも少なくない。体操の落下や、フィギュアスケートの転倒のような、取り繕いようのないミスが出にくいから、シンクロはどんでん返しも少ない。「フェアじゃない」という意見は必ず出る。「そんなこと言う人は、採点競技をやっちゃだめよ」と金子は言う。それも含めて競技なのだ。シンクロ委員長になると、チームを勝たせる枠組み、世界のシンクロ界で力をつけることに目を向けた。

遠い島国は自分から動かなければ、振り向いてもらえない

98年、まず日本選手権を兼ねたジャパン・オープンにロシアなど強国を招くようにした。招待費用は、50万、100万円単位のスポンサーをかけずり回って工面した。「日本は自分たちだけ強くなる

金子正子

つもりはありません。互いに切磋琢磨してシドニーでは素晴らしい演技を見せましょう」という手紙を添えて――。

「我ながら白々しいと思った」と言う。狙いは別にあった。選手には場慣れを、世界には日本の力を示したかったのだ。もちろん反対意見はあった。

「手の内をさらすなんて、国際大会で不利だ」

しかし、金子ははねつけた。欧州なら車でひょいといける距離に何カ国もあるのだ。国際大会が当たり前なのだ。日本にこもっていたら、世界情勢にうとくなるし、いざ、外に出れば勢いにのまれる。遠い島国は自分から動かなければ、振り向いてもらえない。

2003年のジャパン・オープンには、ロシア、フランス、カナダ……と10カ国以上が参加、国際的にも格のある大会になりつつある。いつしか反対意見も消えていた。

ちなみに、ジャパン・オープンの得点集計係、大会役員には、全国のコーチを必ず指名している。海外へ派遣されるのはごく限られた人たち。それが日本で開催すればトップクラスの演技を多くの人が目の当たりにできる。このチャンスを、できるだけ多くの人に与えたい。「世界トップクラスの演技を見て、自分たちのシンクロに生かせ」という、金子のメッセージ。必ず、日本のシンクロ全体の底上げにつながると考えている。

大会期間中は毎回、各国のコーチ、審判を集め、日本主導でシンクロの方向性や採点について議論を重ねもする。シャイと思われている日本人が、自国で日本語となれば主導権を握るほど話す。これが各国の関係者に驚きを与える。そして、議論の結果は毎回英訳して国際水連にも報告。公式会議ではない。でも、こうした小さな積み重ねが「国力」となり、採点に微妙な影響を与えていくのだ。今、国際試合で金子がプールサイドに立つだけで、他国のコーチは恐れ、露骨に舌打ちをする。「絶対に勝負をあきらめない、嫌なヤツが来た」と。

駆け抜け続ける金子に対し、「強引」という声があるのは知っている。「風圧を感じる」という人まである。でも歩みは止めない。ジュニアからの一貫指導、全国でばらつきのないコーチング法の確立、日本が勝つだけでなく、アジアにシンクロを普及するような国際的な役割……。やることはたくさんある。アトランタで10点満点の演技で金メダルだった米国も、世代交代に失敗して、98年世界選手権以降はメダルすら手が届かなくなった。やっと銅メダルを取ったのが２００３年世界選手権だ。〝近代シンクロの母〟とも言える米国ですら5年かかったのだ。日本が一度メダルを逃したら、二度とは這い上がれないと思う。

「どうしてそんなに勝とうとするんですか？」

最近、耳を疑いたくなるような質問をよく受ける。シンクロを楽しむのはいいことだ。でも、選手という道を選んだ以上「競技において、負けてもいいなんてあり得ない。五輪は勝たなきゃ意味がない」と言い切る。今、日本のシンクロは資金も施設も世界屈指と胸を張れるようになった。そうなったのは日本が世界で強いからであり、シンクロというスポーツをすることに誇りを持てるのも、トップ選手が世界で強く、それゆえに、周囲が尊敬の目を投げかけてくれるからだ。

かつてお家芸と言われても、国際大会で結果を残さなくなるにつれて、寂しい状況になっている競技も少なくない。水泳、陸上のような歴史がないだけに、シンクロが一度地に落ちたら……。考えただけで恐ろしい。

「私の目の黒いうちはそんなこと許さない」

情熱は枯れない。

◆記者が見たリーダーの素顔◆

熱い言葉の数々、会った人間を必ず元気にさせる力の持ち主。シンクロを離れれば、優雅な笑みと身のこなし、社交的で上品なマダムといった趣。光るのは、シンプルなだけにごまかせないプールサイドでのおしゃれのセンス。ポロシャツの衿を立てる角度、華美でも地味でもないジュエリー、ルージュの選択は絶妙。昨夏のバルセロナの世界選手権、強い日差しの下、白いヒザ丈のパンツ、黒い鼻緒のサンダルにワインレッドのペディキュアには、うなりました。よく似合うだけでなく、自然と現地になじんでいたのですから。

柳沢　久――三井住友海上柔道部監督

女子柔道メダルへの道は、焦らずじっくり6年計画

やなぎさわ・ひさし　1947年7月23日長野県生まれ。71年東京教育大（現筑波大）卒業後、千葉での高校教員生活を経て77年に電気通信大講師、98年から同大体育学部教授。全日本柔道連盟の女子強化にスタートから携わり、80年の第1回世界選手権でコーチ、88年のソウル五輪では監督を務めた。89年住友海上（現三井住友海上）柔道部の創設で監督就任。96年アトランタ五輪金メダルの恵本裕子、世界選手権2連覇の上野雅恵らを育てた。

限界ぎりぎりまで力を出し切る感覚を女性に体得させるにはどうすればいいのか

嘉納治五郎が講道館柔道を興してから2004年で123年目になる。長い歴史の中で名門と呼ばれる大学や実業団が次々と育まれてきた柔道界だが、誕生から30年にも満たない女子柔道に限ってみると、まだ伝統と呼べる存在は乏しい。

その中にあって、確かな足跡を残しているのが柳沢久率いる実業団の三井住友海上である。教え子の中から、日本女子初の五輪金メダリスト（1996年アトランタ五輪61キロ級）となった恵本裕子、2003年の大阪世界選手権で2連覇を達成した70キロ級の上野雅恵という2人の世界チャンピオン

が生まれた。他にも過去6人を日本一に導いた。

2003年は、特にその手腕が光った年となった。アテネ五輪の前哨戦となった大阪世界選手権で、日本代表8選手中、上野、52キロ級銅メダルの横沢由貴、57キロ級の茂木仙子と3人の教え子を送り込んだ。上野の妹、順恵（63キロ級）ら次代の予備軍も着々と育ちつつある。「道場でチャンピオンと同じ空気を吸うことで、若い選手も上を目指すようになる」。監督就任から15年目、築き上げた部風が柳沢の自慢でもある。

試合会場での柳沢の姿からは、名うての指導者といったイメージは連想しにくい。まず、試合場脇のコーチ席に座ることがない。声を張り上げ、選手とともに戦うような指導者が多い中、関係者席から遠巻きに見つめるだけ。

試合を終えた選手が戻ってきても、駆け寄ることもなければ、別段、声をかけることもしない。選手によると、試合から1週間くらいたったある日突然、ぽつりと敗因や課題を指摘されるという。「はっとさせられて、耳に残ることが多い」と上野。長年の指導で培った術だろう、柔道界でも知られる厳しい練習を課しつつ、選手の心耳はしっかりつかんでいる。

ほぼ女子一筋の指導者人生を送ってきた。その歩みは、日本の女子柔道の歴史そのものと言ってもいい。

全日本柔道連盟（全柔連）が女子の強化に乗り出したのは1979年。すでに欧州やオセアニアなどでは女子の大陸選手権も行われており、国際柔道連盟（IJF）は女子世界選手権の開催を決めていた。日本は前年に女子の公式戦を初めて行ったばかりで、決して女子柔道の強化普及に熱心とは言えなかった。それでも、世界選手権が行われるとなれば、本家の面子《めんつ》からも無視を決め込むわけにはいかない。第1号にして唯一の女子強化コーチ就任を命じられたのが、柳沢だった。31歳の時である。

柔道は「友達に誘われるがままに」中学一年生で始めた。東京教育大（現筑波大）では、中量級ながら重量級の大男たちに交じって三年生から団体戦のレギュラーとして活躍。大学卒業後は、母校筑波大の柔道部コーチを務めた。

女子コーチの話が来た時は、筑波大から電気通信大へ転勤し、体育学部の講師をしていた。講道館でも国際部の指導員をしており、ブラジルの代表チームのコーチとして半年間の指導を終えて帰国した直後だった。

指導者人生は日本の女子柔道の歴史そのもの

柳沢に白羽の矢が立った理由は簡単だった。

「講道館の指導員の中で自分が一番若かった。それに電気通信大は柔道部がなかったので、体育の講義だけなら暇だろうと言われて。要は誰もやりたがらなかったんだな」

今となってはいい思い出なのか、柳沢は笑いながら振り返る。まだ女子柔道が海のものとも山のものとも分からなかった時代。保守的な世界にあって、蔑《さげす》みの目があったのも確かだった。全柔連も、指導者としてさしたる実績のない一人の若手に強化を委ねたあたり、女子柔道にどこまで本腰を入れるべきか測りかねていたのだろう。

文字通り、ゼロからのスタートだった。毎週土曜日、講道館に選手を集めて合同練習を行う時は、赤いヒモを張って、道場の隅に練習場所を確保した。練習で居合わせた男子選手からは物珍しそうな視線を送られた。

前年から始まった国内大会は、「奥えり禁止」の少年柔道ルールで行われていた。全柔連の上層部からは「組み手争いは女子の場合見苦しい。組んだ状態から始めてはどうか」という滑稽な意見すら聞こえてきた。試合では、選手が「待て」がかかってもいないのに、相手に背を向けて乱れた柔道着を直していた。

柳沢自身、初めて経験する女子の「扱い」に戸惑った。練習中に「もう、できません」と畳の上にへたり込んだ選手たちが、1時間後の夕食の席で酒を飲みながらわいわい騒いでいる。自らの体験、そして男子の指導経験上、練習で限界まで追い込んだら疲労で食事ものどを通らないほどだと思っていた。子供を産む女性ならではの「防衛本能」というのを初めて知らされた。限界ぎりぎりまで力を出し切る感覚を体得させるにはどうすればいいのか。バレーボールや体操など、他競技の女子チームの指導者に話を聞いて回ったりもした。

こんな調子だから、しばらくは国際大会も出れば負けの連続だった。強化スタートの翌年にニューヨークで行われた第1回世界選手権に6選手が参加したが、日本勢は山口香(現全日本女子強化コーチ）の銀メダル1つのみ。さらに2年後のフランス国際大会では、チームとして1勝もできなかった。五輪や世界選手権ならともかく、それ以外の国際大会なら優勝して当たり前とされたころである。「このままじゃ日本に帰れない」と途方に暮れた。

その後、84年の第3回世界選手権で山口が初の金メダルを獲得。女子監督として臨んだ88年のソウル五輪では、公開競技ながら男子を上回る5個のメダルを獲得し、孤独で地道な奮闘は結実した。

それでも、「始めたころの負け続けたことの方が鮮明に覚えている」と柳沢は言う。その記憶が今も指導に駆り立ててくれる。持たざる者として、もがいた経験は、その後の創意工夫に満ちた指導に生きた。

選手が大会、海外遠征、全日本の強化合宿などに出かけるたびにレポートを提出させる

ソウル五輪が終わると、まず、女子柔道部の立ち上げに奔走した。当時の女子選手は高校、大学を卒業すると、競技を続けるのが難しかった。選手が生活や将来に不安を感じずに柔道を続けられる環境を整えたい。ソウル五輪で生まれた上昇ムードをしぼませないためにも、受け皿づくりが不可欠と考えた。

企業や警察、自衛隊など、これはと思うところに片っ端から声をかけた。ちょうど、そのころ女子スポーツの支援に興味を持っていたのが住友海上（現三井住友海上）だった。部の立ち上げに協力したところでお役御免と思っていたら、全柔連強化委員長の神永昭夫（故人、東京五輪無差別級銀メダリスト）に「せっかくだから監督もやってやれ」と背中を押された。

柳沢自身も、実は実業団監督の仕事に魅力を感じていた。全日本チームの指導者として、世界の厳しさ、勝つ喜びを知ったことで、ある一つの感情が湧き上がっていたからだ。

「次は世界を目指せる選手を一から育ててみたかった」。完成された選手を動かす全日本の監督には、ある種の限界を感じていた。指導者としての達成感も満たされたとは言えなかった。今に至る、指導者人生の第二幕の始まりである。

以来、現在まで続く選手育成の礎は、焦らずじっくりの「6年計画」。ここ数年は伸びる余地が大きく、あまり癖のついていない高校生だけを獲得している。最初の2年で体をつくり、次の2年で技を固める。最後の2年で勝負にもまれながら精神力を鍛える——。

恵本がアトランタ五輪で金メダルを獲得したのが入社6年目だった。ほとんどの選手が5—7年目でピークを迎えている。長年の指導経験から編み出された計算式は揺らぐことがない。

三井住友海上の練習時間は長いことで知られる。普段の練習はざっと4時間。「みっちりという言葉が一番当てはまる」と57キロ級の茂木。それも年々長くなっているという。「しっかり組んで一本を取る」（柳沢）という理想の柔道を体で覚えるため、打ち込みなど基本練習の反復を徹底させている。地味な寝技の練習にも時間をかける。

マシンを使ったウエートトレーニングにも柔道界では珍しく熱心だ。世田谷・芦花公園の道場の一室には、柳沢が知人などに頼んで作ってもらった器具が並ぶ。懸垂の鉄棒やマシンには柔道着が着せられており、そでやえりを持つ感覚で筋力トレーニングが行えるように工夫されている。すべて柳沢のアイデアだ。

「うちは独特。ここでやりたいという選手は少ないかもしれない」と主将の貝山仁美は厳しい環境であることを認める。試合を直前に控えた選手は減量に苦しみ、思うように動けない。それでも、柳沢は別メニューの練習ではなく、他の選手と同じ内容の練習をこなすことを要求する。

「（軽めの）調整が許されるのは五輪と世界選手権の前だけ」（貝山）という。目標はあくまで世界のみ。そんな信念が、指導の隅々まで貫かれている。現在、部員は9人と決して多くないが、道場はいつも緊張感に満ちている。

ただ、「しっかり組んで一本を狙え」「人一倍練習しろ」だけなら、あまたいる指導者とさして変わらないだろう。チャンピオンメーカー、柳沢の指導は他とどこが違うのか。

柳沢は「強化の場は畳の上だけではない」と口癖のように言う。

大会、海外遠征、全日本の強化合宿などに出かけるたびに、レポートを提出させている。何を目的にどんな練習をしてきたのか、試合や練習を通じて発見した自分の強さ、弱さは何か。書くことで深く考えるようになり、柔道も己も見つめ直す。全日本のコーチ時代、女子指導の先達として「何でもいいから記録に残しておこう」と書き続けた自らの経験もあった。

レポートは一つひとつ目を通し、コメントを書き添えて選手に返している。大学教授でもある柳沢は四六時中、選手とともにいることはできない。レポートのやりとりを通じ、「選手が常に何を考えているか探っている。そのうち、行間も読めるようになってくる」。お互いにとって貴重なコミュニケーション手段でもあり、柳沢にとっては指導する際の助けとなる。入社1年目の新人選手が大会前に書いたレポートを見せてくれた。対戦が予想される相手の対策を書いたものだったが、「ほら、見てみなさい。2回戦までしか書いてない。これじゃあ、優勝できるわけがない」。柳沢によると、文章の上達と柔道の成長は比例するという。

レポートの内容は、試合や合宿の反省にとどまらない。世界チャンピオンになるまでのロードマップ、自分の階級の世界ランキングまで作らせている。目的意識をはっきりと持たせるためだという。「自分は今どのあたりにいて上には誰がいるのか、頂点に立つにはいつまでに何をすべきか、を徹底して考える。やらされる練習は意味がないからね」

そのこまやかな指導ぶりは「何でもかんでも教えすぎ」などとやっかみ半分で曲解されることもある。だが、全柔連強化委員長の上村春樹（モントリオール五輪無差別級金メダリスト）は素直に感服する。

「きゅう（久）ちゃんは五輪の監督も務めた人。普通、なかなかあそこまでできないよ」

柳沢は自らの指導を「決して押しつけではない」という。選手たちは高校を卒業したばかりで心身とも成長途上で入社してくる。一つでも多くの方法論やモノの見方を提示し、選手の選択肢を増やしてあげることで、「自ら考えるようになり、自主性が生まれる」と説く。中学、高校で全国大会の出場経験もなく、昨年、世界選手権代表の座をつかんだ茂木のように、柳沢の妥協のない指導は小さな可能性を花開かせてきた。

三井住友の選手は全員が正社員。経営側の方針ではなく引退後の人生を考えてのこと

最初のころこそ苦労したが、今となっては「女子指導のコツなど特にない」と柳沢は言う。

「三井住友の練習が厳しいと承知の上で、うちでやりたいと入ってくる。ならば強くしてやりたいじゃない」

あふれる情熱は柔道の枠を越え、人づくりへと動かす。柔道界も競技に専念する事実上のプロ選手が主流となる昨今、三井住友の選手は全員が正社員。午前中はそれぞれの部署へ出勤し、他の社員と同じようにデスクワークをこなしている。経営側の方針ではなく、選手の引退後の人生を考えた柳沢の勧めだという。

企業としての宣伝効果を考えれば、大卒のエリート選手を獲得した方が得策だが、会社の理解も深い。昨年度まで同社柔道部長を務め、柳沢とは10年の付き合いになる海老名健（常務取締役）は「柳沢先生なしの柔道部は考えられない」と絶対の信頼を置く。試合会場には、いつも選手と同じ職場の先輩や上司が大挙して押し掛け、大声援を送る。柳沢から「感謝の気持ちを忘れるな」と口酸っぱく言われている選手たちは試合の翌日は必ず出社し、日ごろの支援に対するお礼を言って回る。

「みんな職場でアイドル的な存在なんだよ」と話す柳沢の表情は実にうれしそうだ。

指導者として5度目の挑戦となる五輪が迫っている。狙うはアトランタ五輪の恵本に続く、2つ目の金メダル。谷亮子、阿武教子に次ぐ日本女子のエースに成長した上野、成長著しい横沢らに願いを託す。

「4年に一度の五輪にピークの状態で巡り合うには運も必要。その運を何とかつかめればね」

一方で、指導者としてのゴールはまだ見えていないと言う。女子の指導に携わって今年で26年目を迎えるが、最近気になっているのは、引退後に柔道とのかかわりがぷっつりと切れてしまう女子選手が多いこと。「世界で戦った人たちの経験や技術が埋もれてしまうのはもったいない」と惜しみ、指導者や審判に女子が増える環境づくりが必要だと訴える。

三井住友の道場で、柳沢はそんな理想を小さくとも実現させている。近隣の小学生を集めた週3回の柔道教室で、かつての教え子たちが指導に汗を流している。いずれも結婚し、子供も産んで戻ってきたミセスたちだ。「今の世の中、子供たちが言うことを聞くのは、お父さんよりもお母さんでしょ。女性を大事にしたら、柔道を始める子供はもっと増えると思うよ」。パイオニアならではの実感がこもった言葉である。だから、まだ畳を下りるつもりはない。

「一番最初からやっている人間としての責任感かな、まだ十分に教えきっていない気がするんだ」

衰えを知らない情熱が、また一つ伝統を積み上げる。

◆記者が見たリーダーの素顔◆

千葉県鎌ケ谷市にある自宅の敷地に、約2000万円をかけて道場を造ったのは10年前。退職金を前借りし、自分の道場を持つという長年の夢を実現させた。三井住友での指導に加え、大学教授でもある柳沢が自宅に帰るのは週の半分もない。それでも毎週火曜日だけは必ず戻って道場に顔を出す。

それは、柳沢のほか、妻、独立して別々に暮らす娘や2人の息子の家族全員が集まる日でもある。結婚してから柔道を始めた妻を筆頭に、今では全員が段位を持っており、一家そろって子供たちに柔道を教える。家族のきずなもまた柔道でつながっている。

福田富昭――日本レスリング協会会長

企業家のセンスで女子レスを五輪正式種目に

ふくだ・とみあき　１９４１年生まれ、富山県出身。中学時代にレスリングを始め、日大在学中の65年に世界選手権フリースタイル・バンタム級に優勝。84年ロサンゼルス五輪ではレスリング監督を務め、金メダル2個を含む9個のメダルを獲得。ユナイテッドスチール取締役、コーヒー販売のユニマット社長をへて、現在は自販機修理のＵＨＩなどの社長。日本アマチュアレスリング協会専務理事を二期（4年）務め、２００３年3月から会長。同4月から日本オリンピック委員会強化本部長。２００４年アテネ五輪の日本選手団総監督。

最初は「おこぼれ頂戴」とばかり女子プロレス落選者に目を光らせた

「五輪関係の仕事がどっと増えました。しかし食っていくためには本業（会社経営）を休むわけにはいかない。結局、家庭を犠牲にした、ということですね」

日本レスリング協会会長の福田富昭は２００３年をこう振り返った。この年の3月、レスリング協会の専務理事から会長に昇格し、4月には日本オリンピック委員会（ＪＯＣ）の強化本部長に就任した。続いてアテネ五輪（２００４年）の日本選手団総監督も引き受けることになった。

失礼ながら、日本のレスリングはかなり地味な競技である。五輪でメダルを稼いできたわりにマスコミの注目度は低かった。陸上、水泳、アマ野球などとは比べものにならないほど所帯は小さい。その団体のトップが全競技に号令をかけ、五輪選手団を率いることになる。政治の世界で言えば、弱小派閥の長が内閣官房長官になったようなものだ。

２００1年9月、国際オリンピック委員会（ＩＯＣ）は、アテネ五輪で女子レスリング4階級を正式種目として採用した。「福田はただものではない」という評価は、この時に定まったと言えるだろう。すでに日本の女子レスは世界一の実力を誇っていた。日本は五輪の金メダル候補を一気に4人も増やしたことになる。内外に「女子レス振興」の旗を振り続けていた福田が注目されないわけがない。

「思い立って二十年です」と福田は感慨深げだ。その長い歳月の間、押しの強さ、粘り強さにものをいわせて、各方面への働きかけを続けていた。そして、ついに「五輪正式種目」というノシをつけて、女子レスリングを世界中に認めさせてしまった。国際レスリング連盟という保守色の強い団体を「組み伏せた」という思いもあるようだ。

20年ほど前、欧州で女子レスリングの試合を見たのがきっかけだった。「これだ、と思いましたね」。競技としてのレベルは低く、見せ物的な側面も否定できない。しかし男子の試合にない華やかさがあった。「将来性は非常に高い、と踏みました」。41歳、米国系企業の経営陣に名を連ねていたころである。

日本レスリングの父といわれる八田一朗（故人）の愛弟子を自認している。「八田さんは男子レスリングを世界の一流に育て上げた。私も、いつか、何かをやらなければならない、と考えていまし

福田富昭

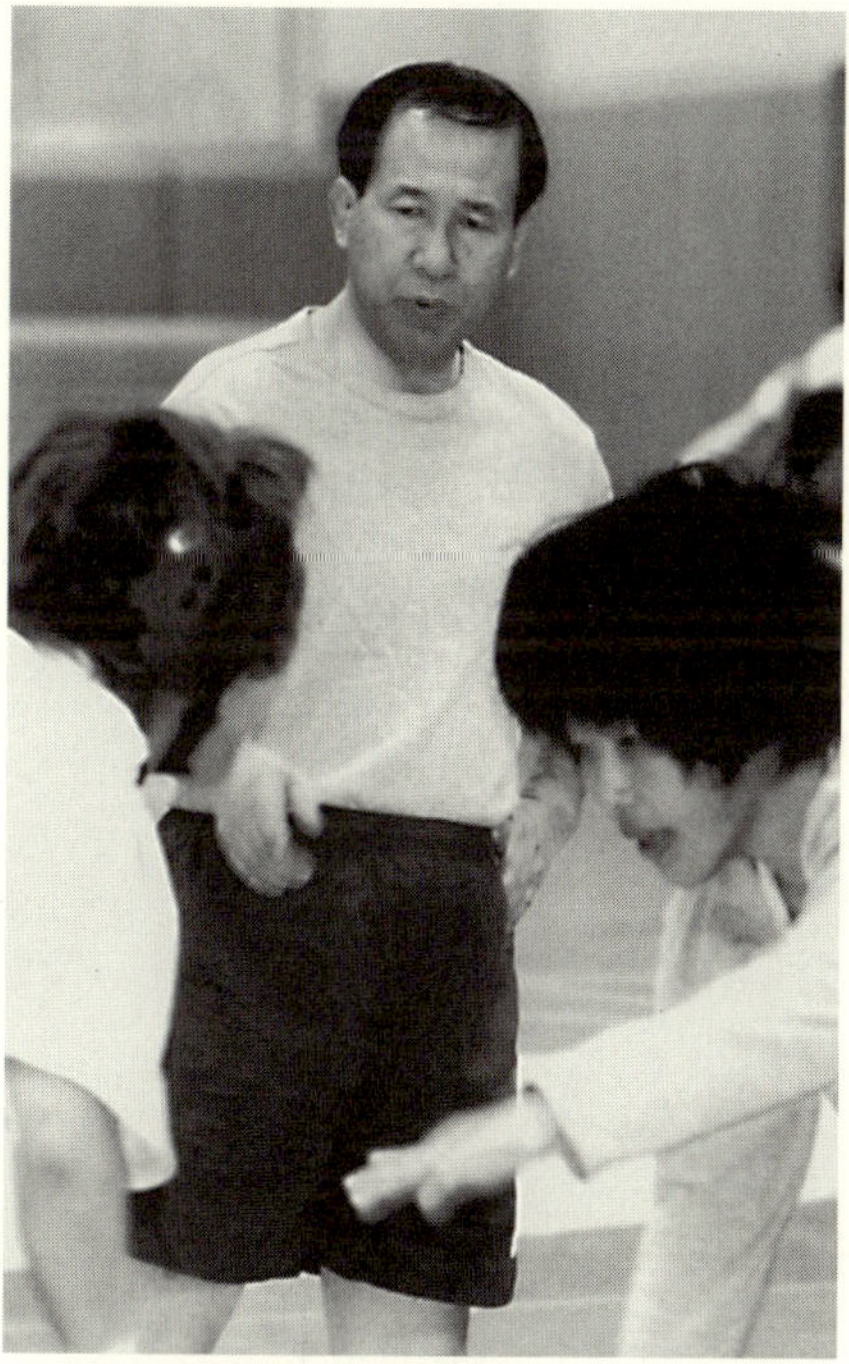

現在は複数の企業の経営者「もうけはレスリングのために」

た」。女子レスに出会い、これを育てよう、という具体的な目標をつかんだのである。

このとき福田は「女子種目をいつか五輪種目にしてみせる。その時を想定し、日本の女子選手を育て、徹底的に強化しておこう」と考えたという。一般的に認知されていなかった女子レスの将来性を見抜き、先行強化で有利な立場に立つべきと読んでいたのである。スポーツ指導者を超えた、企業経営者的な構想力、といえるだろう。

日本国内で行動を開始し、まず選手確保という難題に直面した。「女子の取っ組み合い」には偏見も多く、理解を示してくれるのはレスリングの選手ＯＢくらいのものだった。かつての仲間を訪ね「元気な女の子はいないか」と聞いて回った。ちょうど女子プロレスの人気が高まったころであった。その新人選考委員を買って出て、「おこぼれ頂戴」とばかりに女子プロ落選者に目を光らせた。

1985年、日本レスリング協会の中に女子部を創設（後に全日本女子レスリング連盟として独立）。87年には

第1回全日本選手権を開くまでになり、45キロ級に中学一年生の山本美憂が優勝。もの珍しさも手伝って、マスコミに注目されるようになった。同年の世界選手権（ノルウェー）では惨敗を喫するが、89年の第2回大会（スイス）で2つの金メダルを獲得する。

そのころの一番の悩みはトレーニング場、合宿所の確保だった。「選手を集めて練習するには、ホテルに泊まり、体育館を借りなければならない。金がかかって仕方がなかった」。何とか自前の施設を、と探しているうちに、新潟県十日町市に小学校分教場の廃校があることが分かった。さっそく市長や市議会に働きかけて手に入れることができた。

道場、食堂、サウナ、寝室などを造るための改修には「億単位」の費用がかかった。福田自身もかなり負担したようだが、「友人、知人の協力が大きかった」と言う。

91年に完成した合宿所は「桜花道場」と名づけられた。以来、日本代表クラスが毎月1、2週間、ここでトレーニングを重ねている。合間を縫ってジュニアクラスも来るので、道場が空く日はほとんどない状態だという。日本の女子レスリングが一気に強くなり、世界をリードするようになった秘密は、桜花道場にあるのではないだろうか。

IOC会長に直訴、国際レスリング連盟理事にも立候補し当選

八田氏譲りの積極的かつ強引な交渉術は、ことに国際的な場で効果を示したようである。その初仕事は国際レスリング連盟内に女子委員会をつくることだった。これは女子の先進国フランスと組んでうまく運ぶことができた。「五輪参加選手の男女比率は、ずっと女子増加の方向できています。です

から、いつかはレスリングも、という自信はありました」と福田は語っている。

とはいえ連盟は簡単に動かなかった。イスラム諸国が隠然たる勢力を持っているだけに「女子種目なんてとんでもない」という雰囲気が根強い。男子種目を重視する東欧圏も反対勢力である。連盟の幹部連は福田の提言を聞けば「分かった」「協力しよう」と言うが、本心はつかみきれない。IOCへの働きかけなども何となく心もとなかった。

98年、アジア競技大会関係のパーティーでサマランチIOC会長（当時）を見かけた。英語と度胸には自信がある。つかつかと前に進み出て「五輪に女子レスリング採用を」と直訴した。会長は答えた。「私は採用してもいいと思う。しかし国際レスリング連盟自体が消極的なんだよ」。

危惧していた通りであった。連盟の保守派は思った以上にしぶとい。うわべは好意的な顔を見せながら、裏では逆の動きをしていた。ならば自分が連盟の中心的な存在に、と決断した。さっそく理事選に立候補して当選。各国理事の切り崩し工作を始め、北欧圏を味方に引き入れた。米国、カナダも理解を示し、豪州も仲間に加わってきた。

女子の国際強化合宿を日本で開くという珍しい試みも行った。外国のレベルアップは日本のライバルを増やすことになるのだが、世界選手権を開催し、五輪採用を目指すには避けて通れない道だ。ある国の選手が強くなれば、その国の役員たちは当然、五輪に目を向けてくる、つまり五輪採用賛成派が増える。目的を達するまでには、そんな気の長い計画もあった。

五輪採用が決まって、日本にはぜいたくな悩みも生まれた。有望選手が大勢いるのに、代表の座は4つだけ。2人の世界選手権者、吉田沙保里と山本聖子が一つのイスを争い、もう一人の世界選手権者・伊調千春が新鋭の坂本真喜子に追い込まれる、という状況もあった。それもこれも日本のレベルの高さを表すもの。代表に決まった浜口京子ら4選手は、いずれも金メダルに最も近い選手といえよう。

「幻のモスクワ」組には燃え尽きていないという思いがある

こうしてアテネに臨むことになった日本チーム。そのキーワードは「モスクワ」だ、と言った関係者がいる。80年、「幻の」という形容詞がつくモスクワ五輪のことである。そのことを福田にたずねてみたら、「なるほど、言われてみれば――」という答えが返ってきた。

もう20年も前、モスクワ五輪が近づいてきたころのことだ。ソ連（現ロシア）軍がアフガニスタンに侵攻するという思わぬ事態が発生した。米国がソ連に抗議し、モスクワ大会のボイコットを決めた。日本政府も米国に追随しそうな情勢である。レスリングチームの監督に内定していた福田は、選手の気持ちが痛いほど分かる。是が非でも「参加」を訴えなければならない立場にあった。

政府はあからさまな動きを見せず、参加か不参加かはスポーツ界が自主的に決めよ、という巧妙な手法をとった。ＪＯＣの態度は揺れ動いているように見えた。政府（文部省）の方針には逆らえないと知りながら、「参加の方向」を表明する。選手たちをなだめながら時間を稼ぎ、何とか不参加決定に持ち込みたい、というのが幹部の思惑であった。

大選手団派遣は無理という情勢になり、ＪＯＣは「3位以内の可能性のある選手、チームだけを代表とする〝縮小参加〟」という苦肉の策を打ち出した。福田はそのころ、あるスポーツ紙の座談会で

「縮小参加案」について次のように述べている。

「何を血迷ったのかと思ったね。長い間、辛苦をともにした連中を、さらにふるいにかけることができますか。普通の人間ならできません。あれはＪＯＣのワナ以外のなにものでもない。３位に入る可能性のない団体は動揺しますからね。分断作戦ですよ」

これより前、五輪のメダル有力候補を中心にした「選手の気持ちを伝える会」が開かれている。大勢の報道陣を集めた場で、「金メダル確実」と言われていたレスリングの高田裕司が発言をうながされた。

最終予選を前に減量に入っていた高田は気持ちが高ぶっていたのかもしれない。「もしも行けなくなったら、いままでやってきたことが――」と語ったあたりで涙声になり、言葉が途切れた。

この様子を伝えたマスコミの論調は概して高田に厳しかった。「アフガニスタンの国民の苦しみを思えば、五輪出場など」と大上段に振りかぶったものがあった。高田の態度を「女々しい」と書いたのもあった。

このような声に福田はこう反論している。

「マスコミも世間も、（五輪を目指す）４年間という長さが分かっていない。この間、就職を延ばし、五輪出場を目指している者もいる。人生設計そのものを変えているのだ。そんな選手の気持ちを、もう少しくんでくれてもいいのではないか」

「高田の発言や態度は当然ですよ。彼は正直なんだ。正直でどこが悪い」

モスクワ五輪問題は、文部省とＪＯＣが書いた筋書きの通り「不参加」で決着した。このあとＪＯ

Cは表面を取り繕うために「幻の選手認定式」を開いた。役員、監督、コーチだけを集め、肝心の選手を抜きにした認定式である。式が滞りなく終わろうとしたとき、福田が立ち上がり、強い調子で抗議した。

「選手はまだ納得していない。不参加を決めた人々が選手に直接会って説明すべきではないのか」

壇上のJOC幹部に困惑の色が走った。「善処しよう」という答えもあったが、福田の要請は結局うやむやにされた。福田は「不参加を決めた時、JOC幹部は責任を取って辞任すると言っていたのに、時間がたつと知らん顔だ。男のけじめはどうなっているのか」と怒りの言葉を吐いている。長嶋茂雄が「男のけじめをつける」と言って、巨人軍の監督を辞任した年のことである。

あれから24年、アテネを目指す日本レスリング協会の体制は「モスクワ組」によって形成されている。福田は協会の会長に、そして五輪日本選手団の総監督になった。高田裕司は福田の後を継いでレスリング協会の専務理事となり、アテネへの一切を取り仕切った。さらに男子強化委員長の富山英明、女子強化委員長の鈴木光も、モスクワ五輪の代表になりながら涙をのんだ組である。高田ら3人は大学教授や会社幹部という忙しい職にありながら、レスリングから離れることができないようだ。

「モスクワの怨念というようなものが、いまでも彼らに残っているのですか」と福田に聞いてみた。

「いや、それはどうかな。しかし燃え尽きていない、という思いはあるでしょう」と福田は答えた。もしかしたら福田自身も、長らく「燃え尽きていない」という思いを抱き続けているのかもしれない。40年も前になった東京五輪、福田は日大の二年生ながら、代表の最有力候補に挙げられていた。ところがその最終選考会で、米国留学から一時帰国した上武洋次郎に僅か1ポイント差で判定負けし、代表の座をさらわれている。

2年後、世界選手権に優勝したが、念願の五輪出場はかなわなかった。現役を退いてから、日本チームやパナマチームのコーチに。その後、米国系・鋼材販売会社の役員やコーヒー販売会社の社長などを歴任するが、「レスリングのために稼ぐ」「後輩のために職場を用意する」といった意識が常にうかがわれた。レスリングへの思い入れが、あらゆる行動の動機になっていたように思われる。

現在は複数の企業の経営者。手がける事業は水産物販売、ビルのメンテナンス、自動販売機の修理、雑誌の出版と販売、コーヒー飲料販売など。この脈絡のなさは「もうかる仕事」でくくられ、「もうけはレスリングのために」という一点に集約されていく。

JOC強化本部長という立場からすれば、スポーツ界全体に視野を広げなければならない。しかし「私の立脚点はレスリングです。レスリングが強くなること、すなわちJOCのためですからね」と福田は言う。アテネの次の北京五輪について、彼はこんなことを明かした。

「女子は6階級くらいに増やしたい」

次の手も抜かりはないようである。

◆素顔の「幻のモスクワ組」◆

経営するいくつかの企業の中で、「エッ、そんなことも」と人をびっくりさせるのが季刊雑誌「皇室」の出版協力と販売。明治天皇に関する著書を読み、維新という大変化の時代を乗り切った天皇の才能と気力に感銘し、「皇室ファンになった」のだという。神社本庁から話しが持ち込まれたときは「こちらから、お願いして引き受けた」。利益はあまり期待できないが、「浮ついた記事は避け、皇室の伝統行事や歴史などを正しく伝える雑誌をつくっていきたい」と話している。

松平康隆——元バレーボール全日本男子監督

世界を見せて「世界一になりたい」と思わせる

まつだいら・やすたか　１９３０年1月22日、東京生まれ。慶大卒業後、日本鋼管（当時）で選手兼監督として活躍。61年ソ連（当時）へコーチ留学し、64年東京五輪でコーチとして銅メダル、監督となった68年メキシコ五輪は銀、72年ミュンヘン五輪で金メダルを獲得した。日本バレーボール協会やアジア連盟の会長、国際バレーボール連盟（ＦＩＶＢ）第一副会長などを歴任。現在は日本協会名誉会長。２００１年、ＦＩＶＢより「20世紀男子最優秀監督」に選ばれた。

強いチームはベテランが手を抜かない

昔、バレーボールが一世を風靡《ふうび》した時代があった。１９６４年東京五輪で金メダルを獲得した「東洋の魔女」。その決勝戦の視聴率はいまだにスポーツ中継の歴代トップである66・８％を記録した。

しかし、72年に頂点を迎えたブームはインパクトという点では「魔女」にも負けていない。ミュンヘン五輪で男子がつかんだ金メダルは、８年をかけてチームの熟成を図り、ついに世界一にまで上り詰めた松平康隆という小柄な男の手腕による栄冠であった。

金メダルへの長い道のりは東京五輪に始まった。その3年前の61年、欧州遠征にコーチとして参加した。22戦全勝した女子に「東洋の魔女」というニックネームが付いたいわくつきの遠征であった。一方、男子は見事に全敗。どこに行ってもVIP待遇の女子の傍らで、時にはその荷物運びまでやらされた。世界との実力差を肌で感じ、屈辱とともに「追いつくだけで二十年、いや一生かかっても女子に追いつけるかどうか」と打ちのめされたという。

しかし、そんなどうしようもないはずのチームが東京五輪で銅メダルを手にした。「ああいうのをオリンピックの魔法というのかな」と松平。籍を置いていた日本鋼管からは「お国のためだ。バレーに専念していい」と告げられていた。「五輪」と言えばなんでも許されるような雰囲気の中、周囲の盛り上がりや他競技の好成績に引っ張られて望外ともいえる表彰台に上がった。

「これで、次は勝てるんじゃないか、もう少し頑張れば（メダルの）色が変わる、という実感が得られた。このメダルがなかったらやめていたかもしれない」と松平は話す。

引き続き日本鋼管がバックアップしてくれたのも、東京の銅メダルがあったればこそ。「男子にも金を取らせてやりたい。やらせてください」と松平。会社も「企業には社会的責任がある。君が汗をかくことで社会に貢献できるのだから、心苦しいなんて思うな」と二つ返事で応えてくれた。ミュンヘンまでの8年間に社長は3回代わったが、こうした方針が揺らぐことは一度もなかったという。

「天の時、地の利、人の和」。優勝直後、松平は勝因をこう表現した。「ビッグ3」といわれた森田淳悟、横田忠義、大古誠司は脂ののった20代半ば。それを支える西本哲雄、深尾吉英、嶋岡健治らの若手、そして30代の南将之や主将の中村祐造。セッター猫田勝敏もこれが3度目の五輪という豊富な経験を持っていた。チーム構成は天の配剤とも呼べそうな絶妙のバランスだった。

自らが見つけたビッグ3を「まさに掌中の玉」と松平は評する。「三人が同じ年代に生まれてくれたのは運としか言いようがない。一人欠けていたら銀、一人しかいなかったら銅に終わっただろう。三人いたから世界一が見えてきた」。高校時代、全国大会に出場した横田はともかく、森田と大古はまったく無名だった。

大古が技術者を育てる東芝の技能養成校にいた時、松平はその存在を知った。知人の「でかくてすごいやつがいる」のひと言がきっかけだった。技能オリンピックのためにハンマーの訓練を受けている大古を「技能五輪じゃなく本物の五輪を目指しなさい」とバレーに引っ張ってきた。

東京で銅、メキシコで銀。ミュンヘンで五輪を制し、ついに金

森田がバレーを始めたのは日大鶴ケ丘高に入ってからだった。二年生のときに彼を見つけた松平は「すぐに高校選抜の台湾遠征チームに押し込んだ」。その後の全日本招集につなげるための実績づくりだった。選

手育成について松平は「本人に『おれは才能がある、逸材らしいぞ』と自覚させるのが始まり」と言う。森田自身も「能力のある子にはその力より一歩上を進ませるのが進歩につながっていく」と話す。「馬子に衣装を着せて」（松平）全日本選手としての自信やプライドを持たせるということだろう。

一方でベテランには泣いてもらった。松平の持論は「強いチームはベテランが手を抜かない」。中村や南にはあえて過酷な練習を課し、厳しくあたった。南が「朝起きるたびに松平さんが死んでるといいなあと思うんだ」とこぼしたほどだった。

中村は届くか届かないかの位置に落ちるボールに何度も何度も飛び込まされた。「取れないかもしれないけど、とにかく行ってみな。そうすれば１００回に1回、上げられるかもしれないだろう。それが世界選手権、オリンピックの14点目、15点目に出るんだ」と松平に言われた。実際にそんな場面には出会わなかったというが、あきらめたボールは拾えないのも確か。とにかく動いて飛び込んでみる。それを繰り返すうちに「絶対に届かないその手前のボールは楽に拾えるイージーボールになった」と中村。そういう意味の練習だったのではないかと後で気づいた。

南には厳しい言葉を突き付けた。23歳だった東京五輪はエースアタッカー。4年後のメキシコは「おまえが打っても銅メダル。今回はブロックを引きつけるおとりになってくれ」と降格を伝えた。さらにミュンヘンは31歳である。「世界中がおまえはおとりだと分かってしまった。もうおとりにも使えん」。そこで松平が求めたのが「救急車や消防車の役割だった」。普段は車庫に眠っているが、姿を見せたときにはピンチを救ってくれる存在。実際に消防庁に見学に行かせて命懸けの厳しい訓練に触れさせた。訓練を終えた隊員たちが口々に「これが役に立たないことを祈っている」と語るのを聞いて、南も中村も自分の役目を理解したという。
二人はメキシコからミュンヘンまでの4年間、ずっと練習開始の30分前にはコートに姿を見せた。
「30歳がビッグ3より練習するんだから、周りは手を抜けなかったよな」と松平は言う。

体格では劣る日本が世界のトップに立つために「彼らを体操選手にしてくれ」

松平が恩師と仰ぐ指導者はロシア人のアナトリー・エイヌゴルン。61年当時、バレーボールと言えば9人制だった。そんな日本に五輪種目である6人制を持ち込むために文部省から派遣されてソ連にコーチ留学したのが〝なれそめ〟だった。1カ月あまり滞在した後の帰国前日、自宅に招かれた松平は「いつか世界一になります」と礼を述べた。するとエイヌゴルンは「私が教えたのはロシア人が世界一になったバレーだ。日本人が世界一になるバレーではない」と一喝された。

模倣だけではトップに立てない。師の「贈る言葉」がその後の松平に与えた影響は大きかった。「体格で世界一のチームはつくれないが、体力や身体調整能力、運動能力で1位のチームはできる」日本がトップに立つにはこれしかない。コーチには「彼らを体操選手にしてくれ」と求めた。50メートルの逆立ち歩行やネットに入れたボールを振り回し、その上下を飛んだりくぐったりする「回転ボール」という練習を編み出した。今でいうところのフィジカルトレーニング。小柄な選手ならともかく、190センチ以上の大男にはどれも大変なメニュー。しかし時間とともに成果は着々と上がり、最年長で196センチの南が楽々とバック転ができるようになった。

師の言葉はさまざまな独自技術にもつながった。当初速攻と言えば、セッターのすぐ前で打つ、今でいう「Aクイック」しかなかった。そこからセッターと離れた位置で打つ「B」、背後で打つ「C」などのバリエーションを編み出した。

森田が「一人時間差」という技を編み出せたのも、日ごろから松平が「一人ひとりが何か独自の技を考えてみろ」と言い続けていたから。日体大の体育館、クイックの練習なのにセッターが誤って上にトスを上げてしまった。森田はタイミングだけを合わせようとその場で踏みとどまってからスパイク。するとブロックが一枚も付いてこれなかった。体育館の隣ではバスケットボール部が練習していた。マークを外すためにシュートの前にフェイクを入れていた。「それからすぐに右や左にワンステップしてからスパイクの練習をやった。5種類くらいのいろんなパターンが20分くらいで完成した」と森田は笑う。偶然の産物と言えばそうだが「漠然とやっていたら生まれなかった。日本では一人時間差と言うけど、旧共産圏では『モリタ』と言うんだよ」と生みの親は誇らしげに語る。

選手の鍛錬は内面からも行った。決まり文句は「バレーばかになるな」。強化合宿の午前中、講師を呼んで英会話のレッスンを行ったり、海外遠征の前には訪問先の歴史や文化を選手に調べさせ発表までさせた。バス移動の途中、突然街角で選手を下ろし「ここからは自分たちでホテルまで帰れ」と放り出したこともあった。「見る、聞く、食べる、すべて世界の一流に触れてほしい」とルーブルやエルミタージュ、メトロポリタンなどの美術館、アウシュビッツなどの史跡に足を運び、遠征のうち一日は5つ星のホテルに泊まり、ネクタイを締めさせた。

「田舎っぺでは世界一になれない。世界一の選手はバレーだけではできない」と松平は言う。中村も「センスとか、いろいろなものを見る眼とか、最後にものをいうのはそうした人間の総合力だということ」と語っている。

「注目されなかったら寂しい」「見られることで磨かれる」

「ブームのないところに世界一はない」とばかりに、注目度アップ作戦もあの手この手で取り入れた。長身のカッコイイ男を前面に出し、少女雑誌に選手を売り込んだ。やがて試合会場は黄色い歓声に包まれるようになった。「注目されなかったら寂しい」とメディアの取材は一切断らなかった。「見られることで磨かれる」といって、普段の練習も当たり前のように一般公開した。

やがて体育館を何重にも人が取り巻くようになり、五輪前には午前と午後で入れ替え制にしなければならないほどになった。ダメ押しともなったのが実写とアニメを組み合わせたテレビ番組「ミュンヘンへの道」。大手菓子メーカーの社長を試合に招き、若い女性であふれる観客席を見せると企画には一発でゴーサインが出た。金メダルへの道のりを同時進行ドキュメント風に見せていく、こうした手法はまさにメディアミックスの先駆け。プロモーター、クリエーターとしての松平の先進性だった。

さらにいろんな場所で、

「銀、銅はいらない」

「金メダルを取るためにミュンヘンはある」

と大見えを切った。「自らを励まし、退路を断つ、そして選手を追い込むため」だった。妻の俊江には「これで負けたら日本に居場所はない。日本を脱出して死ぬまで海外にいような」と話していた。ただし、ミュンヘンに乗り込む時には「まったく負ける気はしなかった」そうだが。

金メダルを懸けた戦いは平坦ではなかった。予選リーグは全勝。しかしハイライトは準決勝だった。ブルガリア戦、13―15、9―15といきなり2セットを落として後がなくなった。だが、松平に焦りはなかった。

「さあ、これからあと2時間、試合をしよう。そうすればおまえたちは絶対に勝てる」

横を見ると南と視線が合った。予選リーグからここまで一度も出場のなかった31歳の「消防車」に出番が来た。中村とともにチームを陰で支えてきたベテランにめぐってきた晴れ舞台。「あのピンチで南はうれしそうに出ていった。彼らのために神様があのブルガリア戦を用意してくれたんだと感謝した」と松平。一本決まっただけでコートを大きく走り回り、仲間を鼓舞した。すると見事なまでにゲームの流れが変わった。15―9、15―9で連取。最終セットは3―9まで追いつめられたが、センター猫田のトス回しがよみがえり、鮮やかに15―12の逆転。ラリーポイント制の現在では考えられない3時間半に及ぶ死闘をものにした。

決勝の東ドイツ戦も第1セットを落とす波乱のスタート。しかし再び緊急出動した南がサーブで、ブロックでまたも流れを変えた。セットカウント3―1。162センチの松平の体が平均190センチの大男たちの手で軽々と宙に舞った。

銅から銀、そして金へ。まさにホップ、ステップ、ジャンプ。8年計画はここに完成した。

なぜ世界一になれたのか。松平は「運が良かったから」と笑って答える。あのミュンヘンの準決勝、日本が苦手にしていたソ連が東ドイツに勝っていたら決勝の結果は果たして……。しかしそこに至る道のりを振り返ると、それも含めて松平の腕力であり、演出だったようにも見える。

「まず、世界一になりたかったのはおれ。最初から世界一になりたい選手なんていない。そこで世界を見せて、なりたいなと思わせる。でも（ミュンヘン五輪の）あの9月は私より選手たちが世界一になりたくなっていた」

あれから30年余り、男子はその後五輪で一度もメダルを手にしていない。それどころかアトランタ、シドニーと最近は出場さえできない体たらくである。

79年から95年まで、松平は日本バレーボール協会の専務理事、会長を計17年も務めた。「会長になって、人気はつくれたが選手を育てることができなかった。額縁だけ立派でも、そこに絵を描く監督や選手を育てられなかった」と悔やむ。そうしたツケがいま回ってきているのか。ただ、現在の全日本の取り組み方、それをとり囲む環境には苛立ちを隠さない。

「我々の時は『そんなことまでやるの』『そこまでやらなきゃいけないの』と言われたほど非常識なことをやってきた。そこまでやって、やっとあそこまで行けた。今、日本には力がない。しかも世界の先端を行くチームは歩みを止めてはくれない。だから、日本がそこに追いつこうとしたら、死にものぐるいでやっても追いつけないかもしれない。それが分かっているのかな」

言葉は厳しい。表情はどこか寂しげに見える。

松平康隆

◆記者が見たリーダーの素顔◆

東京五輪というと、40年前の出来事だが「〇年〇月」といった細部がすらすらと口をついて出てくる。74歳になったが、頭の回転の早さはまだまだ健在。ただ、一人息子を事故で亡くした話をするときだけは声は小さく、視線は下に落ちた。「あれからはもう世の中に怖いものはなくなった。あの苦しさ、悲しさに比べれば……」。金メダルを手にするまでのあふれる動力の源をそう表現した。

荻村伊智朗——元国際卓球連盟会長

スポーツによる国際貢献を体現した日本人

おぎむら・いちろう　１９３２年６月25日、静岡県伊東市生まれ。都立西高で卓球を始め、都立大を経て日大芸術学部卒。53年全日本卓球選手権男子シングルスに初出場で初優勝。54年初めて出た世界選手権（ロンドン）で団体と男子シングルスで優勝、以後同選手権には８回出場し、各種目に計12回優勝。87年から国際卓球連盟会長。同年、ＪＯＣ理事となり、91年から国際委員長。91年には世界卓球選手権千葉大会で「統一コリア」を実現させ、国際フェアプレー賞を受賞。94年12月４日肺がんで死去。

長野五輪招致、卓球南北朝鮮統一チーム、米中ピンポン外交のキーパーソン

世界各地に幅広い人脈を持ち、日本スポーツ界きっての国際派として知られた荻村伊智朗・国際卓球連盟（ＩＴＴＦ）会長が亡くなって十年たった。欧米発祥のポピュラーな競技の国際連盟（ＩＦ）では日本人唯一の会長だった。その死去を惜しむ声はいまだに多い。

国際通としての荻村を世間に認知させたのは、長野冬季五輪招致の成功だろう。１９９１年４月に日本オリンピック委員会（ＪＯＣ）国際委員長に就任し、バーミンガムでの国際オリンピック委員会

（IOC）総会（6月）までのわずかな期間で開催権を勝ち取るのに大きく貢献したのだ。

当時、JOCの職員であり、長野五輪招致委員会の渉外担当参事官だった春日良一は「世界に向けて自分の意見を発信できる荻村さんが加わって、招致態勢が一変した。どんな情報を集めるべきか知っていたし、しかも自分のルートも持っていた」と言う。

それまで、招致委員会で細々とやっていた活動が、あっという間にJOC全体の活動に変わったそうだ。何よりも、招致活動の理念の欠如を荻村は突いた。

なぜ、長野でなければいけないのか。「冬季競技が遅れているアジアのレベルを引き上げるため」。理念を構築し、その理念に基づいたプレゼンテーションをつくり上げていった。

サマランチIOC会長（当時）と親しいという交際の広さも強い力になっていたが、世界を相手に何をアピールすべきかツボを心得ていた。バーミンガム総会での長野のプレゼンテーションでは「対抗都市のものを逐一報告させせて、次々こちらの内容を変えていった」（春日）。日大芸術学部では映画学演出コース。見せるセンスも抜群だった。

2008年の夏季五輪に立候補した大阪市も生前、荻村のアドバイスを受けていた。大阪をアピールするための世界卓球選手権（2001年）の開催と「一流選手から一般市民までが政治や宗教にかかわらずスポーツに親しめる町づくり」というスポーツパラダイス構想である。

しかし、2001年7月のIOCモスクワ総会で、大阪は何と最下位で落選した。決まった北京（中国）は別にしてトロント（カナダ）、パリ、イスタンブール（トルコ）にも歯が立たなかった。情報不足はもちろん、理念に欠けたし、世界に訴える方法も知らなかったからだ。内外から「荻村が生きていたら」という声が出たのは当然だった。

91年は国際卓球連盟会長としてもハイライトの年だった。4月から5月にかけての世界選手権千葉大会でスポーツでは初めて南北朝鮮統一チーム「コリア」を実現させたのである。「コリア」は最初の決勝種目、女子団体で中国を破って金メダルを獲得した。大会会場は大きな感動に包まれた。「スポーツを通じて世界平和に貢献したい」という志の最大の表現になった。

早くから卓球強国となっていた韓国に対し、北朝鮮（特に女子）が実力的に追いついて来て、競技レベルにおいては統一チームがつくりやすい状況になっていたが、政治的に強く対立する両者を「統一」するのは至難の業。両チームの合意を得たものの、結団式も解団式も行わない、合同練習は日本で行う、などと細部を詰めるのに、荻村は韓国に20回、北朝鮮に14回通ったといわれる。２００１年の大阪大会でも「統一コリア」結成の動きはあったが、結局実現しなかった。両国に太いパイプを持つ荻村あっての成功だった。

1993年の世界選手権（イエーテボリ）ではサマランチＩＯＣ会長(右)と観戦（鈴木一氏撮影）

71年世界選手権名古屋大会は米中国交回復を呼んだ歴史的な「ピンポン外交」で有名だ。当時、日本と国交のない中国から選手団を呼ぶかどうか、決断した後藤鉀二・日本卓球協会会長とそれに応えた中国の周恩来首相が立役者だが、荻村は70年に訪中した際、周首相にピンポン外交のアイデアを提案した、といわれている。スポーツを通じて世界平和を、という志は早くから持っていた。

亡くなる直前の94年には東京で開催した第2回地球ユース選手権（満20歳以下）にイスラエルとパレスチナ両チームの同時参加を実現させた。開会式で両チーム代表が一緒に選手宣誓をする演出はいかにも荻村らしかったが、これが最後の晴舞台になった。

欧州選手の体力に打ち勝つためにスマッシュを多用する速攻を編み出す

父親を2歳9カ月で失った荻村は母一人子一人で育った。卓球を始めたのは終戦からわずか3年後、都立西高一年の時だが、卓球部がなかったから、というのは面白い。上級生が卓球部をつくれ、と学校の壁新聞で校長先生に訴えた。その心意気のある連中の顔を見たくて体育館に行ったら、先輩の打ち合うフォームに見ほれてしまったのが、卓球にのめり込むきっかけだ。予算なし、で渋々認められた卓球部は最初、手製の卓球台しかなく、他高に練習試合にもっぱら通っていた、という。

ただ、練習は人一倍以上にやった。大学へ進んでも一日も休まない。講義と講義の間に走ったり、練習相手がいない時はサーブの練習をしたり、壁打ちをしたり。

サーブでは卓球台の相手側に万年筆のキャップを置いて、スピードサーブで打ち抜く練習を繰り返した。「貧乏でハングリーだったことがよかったかもしれない」と後に語ったことがあるが、不利な条件を逆に利用して練習の密度を上げた。

めきめき力をつけた53年、21歳で全日本選手権に初優勝。翌年の世界選手権（ロンドン）の代表に選ばれた。しかし、遠征には自己負担金が必要だった。50年前の80万円はまさに大金である。荻村家にあるわけがない。いったんあきらめかけたが、練習していた卓球場のクラブが募金活動を始めてくれた。自らも駅頭に立って「荻村をロンドンへ」と訴えたのは有名なエピソードだ。後援会もでき、大学の補助も出てようやく目標に達した。

ロンドンへ出発直前、荻村はコーチ団に提案を突き付けた。「日本人の体力では、正確な攻撃ラリーだけでは持たない。欧州選手の体力に打ち勝つための戦略を立てるべきだ」。具体的にはサーブ力とスマッシュの極限までの強化だった。コーチの一員だった田舛彦介（日本卓球協会顧問、タマス創業者）は「生意気な発言とは思ったが反論できなかった」と振り返る。

荻村の百発五十一中理論である。本人の説明では「スマッシュを打つ時に、確実に入るボールだけを打つのではなく、51％以上の的中率があると思えば打つ」とある。スピンをかけたドライブを多用して粘るのではなく、フラットに打ち抜くスマッシュを多用する速攻ということだろう。

田舛によると、荻村はサーブ力の強化のため毎日1時間半の自発的特訓を開始。また、当時としては異例の1センチ近い厚さのスポンジラケットを使いこなし、スマッシュのスピードを上げたそうだ。荻村の新しい用具と技術を用いた攻撃力は、欧州選手を戸惑わせ、結果的に団体と男子シングルス優勝をもたらした。

荻村は56年に映画学科の卒業制作として、シナリオを書きほぼ自作自演した「日本の卓球」を製作した。イタリアで開かれた国際短編映画コンクールでは金賞を受賞することになる。この映画は後に中国が50本以上日本から輸入し、卓球の強化に役立てた。61年から3大会連続世界チャンピオンの荘則棟（中国）は「荻村さんは中日友好の開拓者。私は荻村さんの試合を撮影した映画を見て技法を学んだ」とコメントしている。中国式速攻のルーツは荻村にあったと言っていいのかもしれない。

後年、国際派として会議をリードできる英語力を持っていた荻村も最初は大きな失敗をした、という。駐留米軍兵士を見て「これからは英語だ」と中学二年の時に、元外交官の主催する通訳養成所に頼み込んで通い、少しは自信を持って臨んだ初めての海外遠征。飛行機の席の右手に「pull」とあった。後ろにいた選手団長が「何と読む」と聞いたので「引っ張る」と答えた。それなら引っ張ってみろ、といわれて引っ張ったらノブが外れたという、笑い話だ。下の「emergency only」までは目に入らなかった。当時は通訳を雇うカネもなく、選手団で英語を使えるのは荻村だけ。選手団の雑用までこなしているうちに英語力を身につけていったという。

世界選手権には8回連続出場し、各種目に計12回優勝した荻村は指導、普及にも熱心だった。自ら記した略歴には59年にスウェーデンのナショナルチームのコーチになったのを最初に中国、米国、韓国、ドイツなど十数カ国で指導、80年代までに各国から世界チャンピオン十数名を育てた、としている。代表選手としてはスウェーデンのベンクソンが有名だろう。現地で指導するほか、当時16歳のベンクソンとほかの選手を日本に呼び、各地で練習させた。名古屋での71年の世界選手権男子シングルスで優勝したベンクソンは荻村を「生涯の師」と敬愛するようになった。

国際交流も機を見るに敏だった。73年、日本がオイルショックに見舞われるとサウジアラビアを訪問、卓球を強化するよう首脳を説得した。自ら酷熱の体育館で指導したり、ジュニアチームを日本へ呼んだりして、2年半でサウジアラビアをアラブ一の強国に仕立て上げた。産油国とのパイプを太くしておこう、との意図だった。82年、韓国が日本の教科書問題で揺れていた時、ソウルオープンが開催されることになっていた。日本選手団は出場するべきか、やめるべきか迷っていたが、荻村の「卓球の選手団だからこそ、行ってくれ」の言葉で出場が決まった。

心残りは「タッキュウニッポン」の復活ではなかったか

選手引退後は世界のトップを目指した。目標は高く大きかった。

一つ目は英国生まれで欧州主導の卓球を変えること。中国を中心とするアジア、アラブ、アフリカ、中南米の卓球振興である。79年から会長代理につき、87年、ニューデリーでの世界選手権大会の最中に行われた選挙に立候補し、当時会長のロイ・エバンス（英国）を破って当選した。エバンス会長は20年間務めたが、ほとんど仕事はせず、会長代理にまかせていた。会長は名誉職ではない、実際に卓球に貢献できる人がなるべきだ、という荻村の主張が通った。これまでの活動から当然の結果だろう。日本人が欧州生まれのスポーツでＩＦ会長を務めるのは始めてのことだった。

「会長になれば、まず世界80カ国を最初の2年間で訪問して実情を調査、それぞれに合った発展モデルを考えて卓球を盛んにする。次に、世界六大陸のどこからも将来世界チャンピオンが出てくるように、技術の交流やノウハウの移転をする」

この公約を実際に守ったからすごい。大名旅行はしていられないから、2週間のうち5泊は飛行機の中でという強行スケジュール。見事、回り終えてからも、1年に平均25回は海外出張、日本にいるのは1年のうち3分の1という日々が亡くなるまで続いた。

日本では報道されないが、さまざまな国を訪れていろいろな卓球普及の対策を練ってきた。代表的なのがコンクリートの卓球台だろう。ネパールへ行ったら、各学校にコンクリート製の卓球台があった。ウルグアイへ行って「我が国は木が少ないので木製の卓球台が作れない」と聞くと、ネパールのノウハウをウルグアイに移転した。

昨年6月までアジアテニス連盟会長を16年間務めた川廷栄一は「自分はカメラマン出身だから、会長になるためにアジアの国をほとんど回って普及活動をしてきた」と前置きして「でも、アジアのどの国に行っても『オギムラを知っているか』と聞かれた。日本スポーツ界はよく国際貢献とかアジア第一とか言っているけれど、だれも荻村さんの努力にはかなわない」と述懐していた。たぐいまれな行動力が人脈の広さの原点だった。

会長になって二つ目の目標は卓球をよりポピュラーにメジャーにすることだった。88年ソウル五輪から卓球はオリンピック種目になったが、さらに親しみやすくするためカラー化を実施した。92年バルセロナ五輪ではボールの色を白からオレンジに変え、卓球台の色も緑だけでなく青もOKにし、下にはワインレッドのマットを敷いて、選手のユニホームが映えるようにした。ボールに色を付けたことで濃い色を中心としていたユニホームも白を基調にした鮮やかなものに変わった。バルセロナ五輪ではテレビセンターのプロたちの投票で卓球の画像が人気ランキングで1位になったという。日本で一時言われた「暗い」イメージの打破に成功した。

「卓球で1億円稼げるようにしたい」

野球、サッカー、テニスに流れる人材を引きつけるのには、卓球選手の存在もメジャーにしなくてはならない。荻村はワールド・オールスター・サーキットやダブルスだけのワールドダブルスカップとか国際大会を次々つくっていった。死後、荻村の創設した大会はほとんど、消滅していったが、その意志は新たにつくられたITTFプロツアーの各試合や、日本卓球協会と健勝苑が共催しているスーパーサーキットなどに受け継がれている。

多忙にもかかわらず荻村は93年には日本協会の強化本部長となった。IFの会長が自国の強化を第一線でやるなんて、とほかの国から揶揄《やゆ》されたものだ。元学生チャンピオンで卓球ジャーナリストの鈴木一は、偶然同席した時に「忙しいのに、どうして国内の強化まで」と尋ねたら「誰も引き受け手がいなかったので……」と答えたという。その年からは精力的に国内の全国大会にも顔を出すようになった。世界を飛び回る中で、さらに新たな仕事を引き受けていたわけだ。

94年、病にいったん倒れた後も「海外へ行くのを減らしたら」という田舛のアドバイスに、荻村は苦笑いしただけだった、という。10月の広島アジア大会開幕前には、台湾の李登輝総統の来日を巡り、こじれかけた中国、台湾の問題解決に病をおして走り回った。

死ぬまでスポーツに身を捧げた荻村の心残りは「タッキュウニッポン」の復活ではなかっただろうか。日本の世界チャンピオンは79年ピョンヤン大会で優勝した小野誠治以来出ていない。自らの後継者を育てられなかった指導者としての悔いが、さらなる激務に誘ったのだろうか。

◆記者が見たリーダーの素顔◆

先輩のフォームの美しさに魅せられた、という荻村はスポーツを文化としてとらえていた。木村興治・日本卓球協会専務理事は選手時代、荻村に「卓球はスポーツだけれど肉体を通して社会、文化に貢献していくもの。例えば画家がキャンバスで音楽家がピアノで、人々を感動させるように、我々は自分の肉体を最高度に駆使することによって宇宙を表現していかなければならない」とよく聞かされたそうだ。遠征先では当地の博物館や美術館につれていかれた。さまざまな文化を知ることは、自分たち表現者にとって必ず役立つというのがその理由だった。

第3章

勝利の方程式「いかにやる気にさせるか」

木内幸男――前常総学院高野球部監督

選手をその気にさせる「究極の管理野球」

きうち・ゆきお　1931年7月12日茨城県土浦市生まれ。45年土浦中学（現土浦一高）入学、野球部で遊撃・中堅として活躍、主将も務めた。51年土浦一高卒業と同時に同校野球部コーチになる。53年同監督就任。教え子に安藤統男元阪神監督などがいる。57年県立取手二高の監督となり、84年8月夏の甲子園で茨城県勢として初の全国制覇、同年9月常総学院高の監督に転身。甲子園へは通算で春7回、夏13回出場。57戦40勝（歴代3位）17敗。優勝は春1回、夏2回。2003年9月から同学院副理事長に専念。

一見、奇手に見えながら、すべてが緻密な計算に基づいている

2003年夏、五十年におよぶ高校野球の監督生活を、木内は「甲子園優勝」で締めくくった。この大会でも、すでにアマチュア野球界や高校野球ファンの間で「木内マジック」としておなじみの、定石破りの采配が随所で光った。

常総学院の1回戦の相手は大分の柳ケ浦。1点リードの八回一死二塁で、外野手に前進守備を命じた。しかし、センターの泉田はキョトンとして動こうとしない。ベンチの木内は立ち上がり、泉田を

50年におよぶ高校野球監督生活を「甲子園優勝」で締めくくった

指さし、もう一度前進を指示した。恐る恐る前に出る泉田。頭の上を越されれば、たちまち同点どころか、逆転の足がかりを与えることにもなりかねない。一気に傷口を広げる危険性をはらんだ賭けと映った。しかし、結果は浅い中前打。懸命に三塁を蹴った二塁走者は、泉田の好返球で本塁憤死である。

「普通ならあのシフトはあり得ない。危険すぎる。でも、木内さんがやると、なぜか、はまるんだ。外野を動かしたところに球が飛んでいく。本当に嫌だねえ」

この試合を目の当たりにした、甲子園での通算勝利数では木内を上回る46勝（歴代2位）の智弁和歌山・高嶋仁監督でさえ、その試合勘には舌をまく。その高嶋もまた、2回戦で木内の「マジック」の前に涙をのむことになる。

「投手が丁寧に低めに球を集めていた。大飛球はない。相手（柳ケ浦）にとっては試合を決める最大のチャンス。走者は必ず同点を狙って本塁を突いてくる」。木内は一見奇抜な前進守備をこともなげに解説する。投手は、県大会後に左肩痛を起こし、満足な投げ込みができないまま大阪入りした磯部。1時間36分のスピード試合を1失点完投の接戦で逃げ切った。

木内は「故障歴のない投手は、一度痛くなった方がかえって肩が締まっていいんだ」とむしろ歓迎し、確信を持って先発に起用した。それでも、前夜は「誰が走って、誰がバントして、どうかき回すか。浜風はどう吹くか。あれこれ考えて眠れなかった」という。この大会での監督勇退を表明していただけに、「最後の甲子園」というプレッシャーがあったのだろう。

2回戦の智弁和歌山戦は、一転してリラックス。試合前に「五回に動く」と予告した通り、同点の五回無死一、二塁のピンチに初戦1失点完投の磯部を飯島に代えた。「流れを変えたかった。勘です」。迷いはなかった。飯島は併殺などで見事に乗り切った。その裏の二死二、三塁の好機には、初戦2点適時打の井上に代打・上田を送った。上田は投ゴロでスリーアウトチェンジになるはずが、相手がまさかの一塁暴投で2点勝ち越し。七回にはその上田に代わって二塁に入った一年生の佐藤がだめ押しの適時打を放った。木内は「誰が打っても二死なら同じと思って（佐藤に）代打を送らなかった。勝つときはこんなもの」と平然と言う。

準々決勝では、県大会で一度も打席に立たなかった藤崎を初めて先発メンバーで起用すると、2二塁打の大活躍。その試合はスクイズで3点を挙げ、翌日の準決勝は一転して6点すべてを強打でたたき出した。

「バントはグラウンドの状況を見て判断、スタメン初起用は流れを変えるため。強打は小さくなっていた野球を大きくするためです」。一見、奇手に見えながら、すべてが緻密な計算に基づいているのは確か。しかし、そのすべてが思った通りに決まるのだから、やはり「マジック」以外の形容が見当たらない。

決勝の相手は怪腕ダルビッシュを擁する東北（宮城）だった。「変化球に強い」という理由で、準々決勝と準決勝で先発を外した吉原を五番に置いた。思惑通り四回に吉原がダルビッシュのシュートを捉えて同点の二塁打を放った。「野球は打てると乗ってくる」。ダルビッシュ対策には小技を封じ、強打に徹して12安打を浴びせた。常総学院には大会前から注目されるような大投手、強打者はいない。状況の変化に応じて、選手が一番輝ける場面で思い切って使う。だから、日替わりでヒーローが生まれる。それもこれも、普段から「ユニホームなら後ろ姿で60人の選手が識別できる」というほど選手と濃密な時間を過ごし、一人ひとりの特性を把握しているからできる芸当だった。

手取り足取りではなく、いかに選手を「その気」にさせるか

かつては変幻自在で奔放なセオリー無視の采配を「ごじゃっぺ（茨城弁で『めちゃくちゃ』）野球」と揶揄《やゆ》された。それが「マジック」に昇格したのは取手二高を率いた１９８４年夏の決勝で、桑田真澄と清原和博（ともに巨人）を擁して連覇を狙うＰＬ学園を破り、茨城県勢として初めて深紅の優勝旗を手にした時だった。

相手は甲子園15連勝中の史上最強といわれたチーム。しかし「まぐれじゃないんだよ」と木内は言う。取手二は初回に先制したものの、その後は自慢のバットが沈黙、じりじりと詰め寄られ、九回裏についに地力と経験で一日の長があるＰＬに同点に追いつかれた。

「今日の桑田はめろめろだ」。その間、凡退した選手が下を向いて帰ってくるたびに、木内はベンチ

でおげさに言い放った。たしかに桑田は二年生で、しかも3連投。疲労も極に達していた。木内の暗示にかかったように打線が奮起、延長十回表、主砲・中島が明らかなボール球を強引に左中間スタンドにたたき込み、3点本塁打でとうとう桑田をマウンドから引きずり下ろした。さぞかしハラハラしただろうと思いきや、「きょうはベンチの中で、怒ったり、すかしたり、楽しませてもらいました」。

実は大会前の6月の練習試合では桑田に13三振を奪われ、0対13で完膚なきまでにたたかれていた。選手全員に罵声を浴びせたが、これも「悔しかったら桑田に打ち勝ってみろ」という闘争心に火を付けるお得意の「挑発」だった。この大敗をきっかけに、自信過剰気味だった選手たちは自分たちで進んで他校の偵察に出かけるまでになった。本番で殊勲打の中島も練習試合では2三振と右邪飛に倒れ、「とてもかなわない」と感じていた。それがわずか2カ月で「日本一のチームと戦える集団」に変わってしまうのが、高校スポーツの尽きない魅力であり、木内はそういう〝化ける高校生〟の心理に通じたエキスパートと言えるのだろう。

優勝直後の9月、前年に新設されたばかりの私立・常総学院野球部監督に移った。取手二はもともと女子校で、共学になる時に男子生徒を集める目的で野球部を創設した経緯がある。

「高校生の段階では、個人の素質や能力の差というのはそう大きくはない。問題は環境だ。やはり公立の学校では限界がある」。プロ並みの施設を備えた新天地で自分の指導者としての力を思い切り試してみたいという気持ちもあった。

思い切った采配は、選手各個人の能力・特性を正確に把握する「眼力」に自信があるから迷いなく打ち出せる。スコアブックをつけていないのにすべての状況を頭に入れていく記憶力、相手に応じた指導法にも自負がある。「少子化で大切に育てられたせいか、今の子供は大人が情をかけてくれるのが当たり前だと思っているね」。ならば褒めて育てるのかと思えば、「それは少年野球の世界」。手取り足取りではなく、いかに選手を「その気」にさせるか。

野球部の寮には、野球理論の本を山ほど抱えてくる生徒もいれば、中学で番長だった者もいる。接し方は一通りではない。入部の翌日からレギュラーになった「激情家」の仁志敏久（巨人）には徹底的にゲンコツと罵倒を、金子誠（日本ハム）のような理論家には理詰めで納得いくまでとくとくと諭した。取手二時代の木内の教え子で阪神やダイエーなどで活躍、2003年春から東洋大牛久の監督に就いたばかりの大野久は「セオリーの表も裏も細かく教えてくれた。あれほど選手の動きや考えを細かく把握している高校野球指導者はいないだろう」と証言する。その大野も、2003年夏の県大会での「師弟対決」で木内の采配の前にさんざんな目に遭わされた。0対10の五回コールド負け。「投手の起用法がまったくダメ」と切り捨てる木内に、大野は「相変わらずズバズバものを言う人。でも、まだまだ勉強しなければならないところを教えてもらいました」と素直に頭を垂れた。

選手の自立心を育てるため、「主将交代制」を採用する。2003年の主将・松林（一塁手）は「お前は貧乏神だ」と春先にはレギュラーを一度外され、ユニホームももらえなかった。そこから発奮して5月に主将指名を勝ち取った。木内が「才能は十人並みだが、10年に一人の努力家」と認める選手。決勝のウインニングボールはその松林へのゴロ。それを泣きながら処理した松林は「県大会からずっと負けるのが怖かった。監督は厳しいけれど間違ったことは言わない。努力しているのをちゃんと見ていて、誰にでも公平にチャンスをくれるから信じてついていける」。

高校野球は見る人のためでなく、やる人のためにあるんです

独特の茨城弁のきつい言葉とは裏腹に、木内は選手が何を考えて何をしているのかを常に見ている。優勝投手となった飯島は県大会では右ひじの故障で1回3分の1を投げただけ。

「お前は引退したんだよ」。飯島も木内の言葉にショックを受けたが、フォームを矯正し、甲子園の決勝では7回を零封のロングリリーフに成功した。大会通算でも22回3分の2を投げて失点はわずか1点。夢の舞台で大活躍し、さすがの木内も「神様、飯島様です」と称賛を惜しまなかった。飯島は「監督に褒められたのは初めて。信じられない」と目を白黒させた。

日本学生野球協会の表彰選手にも選ばれた松林からウイニングボールを渡された木内は、「あまり過去は振り返らないほう。優勝した時の取手二のユニホームも猫の布団になってるんだから。でも、一つくらいもらっておこうかな」。ドライなのか、照れ屋なのか、つかみどころのない言動はいつも周囲を煙に巻く。

練習ではハンドマイクを離さず、投手、捕手、野手、打撃、走塁のすべてに同時多発的に指示を連発する。

「バッター、そんなスイングでは甲子園では通用しねえっぺ」

「セカンド、ショートが球捕ってからベースカバーに入ったってなんにもなんねえんだよ」

「ピッチャー、なんなの、その牽制は？　ランナーに丸見えだっぺよ」

とにかく、口うるさい。プレーを褒める場面はまったくなく、繊細な神経の選手だったら野球が嫌になるのではないかと思われるほどけなしまくる。

春のセンバツに出ると、夏の県大会はご褒美代わりに選手の自由にプレーさせてやりたいと思う。そこである時期の3年間、実際に県大会を「ノーサイン」で戦ってみた。結果は準優勝2回、ベスト4が1回。どうしても1点差で競り負け、全国大会に出られない。「やっぱり監督が締めねば」。指導歴五十年の試行錯誤の結論は、管理されていることを選手に思わせない「究極の管理野球」の強さだった。

木内の後を継いで新監督に就任した持丸修一（前藤代監督）は「選手を意のままに操りながら、選手たちには自分が監督を使っているかのように錯覚させる。選手に乗せられたフリが抜群にうまい人」と見る。取手二で史上最多の全国3705校（当時）の頂点に立った時も、世間は「組織野球のPLを破ったのびのび野球の勝利」と持ち上げたが、本人は「本当は管理野球が好き」ときっぱり語る。尊敬するのは「池田（徳島）の故・蔦監督。本塁打を打てというサインが出せる人。いいねえ」と言うが、自分は明らかに違う。

選手のやる気が見えないときにも、突き放してサインを出さない。県大会序盤にはベンチで腕を組んだままじっと動かなかった。主将の松林が「サインをください」と何度も頭を下げ、「そんなら」と重い腰を上げた。「不機嫌」を装うのも、お手のものである。「高校野球は見る人のためではなく、やる人のためにあるんです」。持論の通り、すべては「子供たちのいい思い出のため」が原点になっている。

「今回の優勝は木内さんが高校野球の最先端の監督であることを証明した」（東洋大牛久の大野監督）

その最先端が甲子園を去った。

「決断力と読みの早さは木内野球の真骨頂。さみしい気持ちでいっぱいです」（帝京の前田三夫監督）

「特に投手の替え時の早さは見事。もう少し続けてほしい」（智弁和歌山の高嶋監督）

勇退を惜しむ声は根強い。木内は「甲子園で指揮を執るのは80歳になってもできるだろう。だが、チームづくりは年間を通じた作業。それに携わるのは肉体的にも精神的にももうしんどい」と勇退の理由を語る。茨城県はその木内に「県民栄誉賞」を贈って長年の労をねぎらった。木内は「こんな立派な賞をもらっちゃって、これから生きていくのがつらい。普通のオジサンに戻りたい」と冗談を飛ばした。

今、描いている夢は「少年野球の指導」だ。勇退後は総監督には就任せず、常総学院の副理事長職に専念している。それも、学校に行くのは理事会に出席する時くらいですみ、自由に小中学生を教えられるからだ。２００３年10月に腎臓の手術を受け、現在は静養中だが、「ボランティアの指導なら、どこへでも行く」。

野球好きの父親の影響で、戦時中もボール遊びで育った。高校時代、主将を務めながら、自らの失策でサヨナラ負けした苦い思い出がある。慶大に進むも一度も授業に出ないまま中退。サヨナラ負けの「責任」を感じたこともあり、母校の後輩の指導に携わることにした。それから野球一筋の人生。取手二高時代は「特殊指導講師」の肩書で、監督としての「報酬」は月６万円。千代子夫人が着物を質に入れたり、新聞店で働いたりして家計を支えた。

「監督以外の仕事は知らねえ。野球の職人」を自認する。プロ野球の監督やコーチ、現役選手、高校野球の監督と、教え子たちは日本中に散らばる。

甲子園から「名物監督」は消えても、「木内イズム」は日本の野球を支え続けている。

◆記者が見たリーダーの素顔◆

練習での厳しさとは打って変わって、取材相手には気さくで多弁になる。磊落《らいらく》というより老練。数十年前のプレーを克明に覚えているのには驚いた。優しい笑顔の裏に、経験に基づく緻密な計算がある。インタビューをしたのは最後の甲子園の大会期間中だった。予定時間を大幅に超えて話してくれた上に「普段はこんなに話さないいんですけど、あなた、話を聞くのがうまいんですねえ」。悪い気はしない。さては、記者も「木内マジック」にはまったたか。

木内幸男

春口　広――関東学院大ラグビー部監督

名門の伝統に勝つには理想を押しつけない

はるぐち・ひろし　１９４９年７月３日、静岡県生まれ。愛知学院高（現・愛知高）―日体大と進学し、大学時代はスクラムハーフ、フランカーとして活躍。卒業後、神奈川県内の公立校教師を経て、74年に関東学院大に赴任、同時にラグビー部監督に就任した。初の大学日本一に導いた97年度以降、7年連続で大学選手権決勝に進出。98、２０００、２００１、２００３年度と５度制覇。現在は同大経済学部教授、関東ラグビー協会理事。身長１５６センチ。

病との闘いで誓う「自分が無理するより、チームが一つになることを考えよう」

２００４年１月17日、第40回ラグビー大学選手権決勝。関東学院大は早大に圧勝し、２年ぶり５回目の学生日本一に輝いた。小雪がちらつく中、監督の春口広は１５６センチの小さな体を精いっぱいに広げ、二度、三度と胴上げに宙を舞った。前年度の決勝で早大に敗れ、「一つになろう」と再出発した２００３年度。就任30年目の春口は「この一年は、監督をしてきた過去29年よりも多くのことを学んだと思う。学生を信じることのできた最高の年だった」と話した。

前年度の大学ラグビーは、早大の13年ぶり優勝に沸いた。30代前半の清宮克幸が、早大監督に就任して2年目の戴冠。改革色を打ち出し、より魅力的に生まれ変わった早大に対し、1997年度から決勝進出を続ける常勝チーム、関東学院大は完全な敵役となった。

関東学院大にとっては、82―84年度の同志社大以来、史上2校目の3連覇を狙った年。11日の決勝戦、ハイライトは序盤にあった。国立競技場の大観衆に後押しされる早大が7分、14分、22分と3連続トライを挙げ、19―0。FWの地力で勝る関東学院大は後半追い上げたが、あと5点及ばなかった。

試合後、春口は記者会見で「すべて私の責任。選手に申し訳ない」と肩を落とした。一週間前から「最初の10分の集中」を口酸っぱく言ってきたが、選手の心に届いていなかったことを悔やみ、自分を責めた。もう一度念を押していれば、結果は違ったのでは……。選手の前でも「今日の敗戦は監督の責任です。来年は必ず取り戻します」と頭を下げた。

その3日後の夜、春口は胸に違和感を覚えた。翌日の15日に痛みはひどくなり、病院に運び込まれる。心筋梗塞だった。途中で意識を失い、病院では一度、心臓が止まった。

「おれについてこい」は捨てた。監督の責任は「選手を信じること」

「1年間、いろんな無理をしてきたが、緊張感で持っていた。目標としていたものが目の前から消えた瞬間、体に来たんだろうね」

ニトログリセリン注射で目が覚めると、今度は、死の恐怖との戦いが始まった。次、倒れればもう起きられないのではないだろうか。体から力が抜けず、ろく軟骨が自然に折れた。自分のことだけで精いっぱいに思え、「ラグビーはもう潮時かな、やめろというお告げかなと感じた」。関東学院大に就任した当初からの目標であり、あこがれでもあった早大に、前年度決勝では勝って、そして敗れた。「よくここまでやった」と、達成感が押し寄せてきた。

清宮は早大監督に就任した2001年春、神奈川県・金沢八景にある関東学院大の釜利谷グラウンドを訪れ、「よろしくお願いします」と挨拶して帰った。歴代の早大監督で就任の挨拶に来たのは清宮が初めてだった。春口はターゲットにされていることを実感した。その時から頭の中は「清宮と早大の怖さ」で満たされた。「あいつはきっと優勝するチームをつくる。負けてなるものか」。それ以来、背負ってきたプレッシャーは、死への恐怖に直面すると完全に消えた。

「先生をもう一度男にしよう」。そんな部員の声を伝え聞いたのは、病院で監督退任を決断したころだった。「えっ、そうなのと思った。うれしかった」。子供のように思っている選手らが、自分を立てようとしてくれている。退任の決断が少し、横柄でありすぎるように思えた。気持ちは「来年こそは」と心に誓った11日の決勝戦後に戻った。

1カ月の自宅療養中、春口は自分の歩んできた30年間を振り返った。伝統とは何か、早大とは何か。それを倒すため、自分は何をしてきたか。どうすれば再び、彼らを倒すことができるのか。

「これまでの積み重ねを途切れさせないためにも今年が大事。我々に代わるチームはいくらでもある」と話した時もあった。思いは変わらない。理想は胸に描き続けている。ただ、葛藤の末「自分が無理することよりも、チームが一つになることを考えよう」と心に決めた。首からプラチナのピルケースをぶら下げ、4月からグラウンドに復帰した。

理想を押しつけるよりも「個」の力を褒めて最大限に伸ばす

春口が関東学院大の門をたたいたのは74年。日体大時代の恩師であり、日本ラグビー協会の役員でもあった綿井永寿（故人）の推薦で、1年務めた神奈川県川崎市内の公立高校教諭から転身した。

春口の就任前、関東学院大は関東リーグ戦3部の最下位という底辺が指定席。練習に出てくる部員はわずか8人、他部から人を借りてようやく試合ができるありさまで、森の中にぽつんとあるゴールポストのないグラウンドには、大小の石が転がっていた。

「日本におけるラグビールーツ校の早慶明を倒すチームにしてみせる」と声高に宣言しても、しらけたムードが漂うだけだったが、24歳の新任監督には体力で選手を引っ張る自信と野心があった。「おれのチームという気持ちが強くなった。おれがつくっていってやる。だからおれの言うことを100％聞けって」。飛躍への打開点を見いだそうと、最前線でせわしなく動き回るのがスタイルとなった。

夏になると、決まってラグビー合宿地として有名な長野県・菅平高原に足を運ぶ。綿井の「かばん持ち」を自称し、日本代表合宿にも首を突っ込んだ。仕事はもっぱら水まきやボール集めなどの雑用。

だが、耳と目は当時代表監督だった岡仁詩（元同大監督）や大西鉄之祐（故人、元早大監督）らを捕らえて離さなかった。

「岡先生にはラグビーは得点を争うゲームだということを教わった。大西先生からは選手を管理する大切さを学んだ」

最先端の指導法を、必死に吸収しようとした。

有名校が菅平をあとにした9月、学生を静かになった菅平に連れていく。神奈川大など4つの大学との合同合宿を張り、100人近い選手を相手に「盗み見したばかりのラグビー論」を実地で試し、指導法を研いた。

十数年後の87年度。関東学院大は関東リーグ戦1部の中堅チームに成長していた。この前年、春口は当時の学長と、口約束をかわしていた。「もし、早大と試合ができるくらいになれば、海外合宿を許してもいい」。早大などが所属する関東対抗戦チームと交流戦ができるのはリーグ戦の4位まで。4勝4敗の成績ながら4位となり、ご褒美の枠に引っ掛かった。

合宿地はニュージーランドと決めていた。春口のあこがれはガレス・エドワーズやバリー・ジョンらスター選手を擁して70年代に黄金期を築いたウェールズ。濃紺と水色の関東学院大のジャージー色は、ウェールズの名門カーディフ・ラグビークラブを模している。ただ、ニュージーランドの「イングランドやウェールズなどルーツ国に対する挑戦の姿勢、政治や経済でも体格でも勝る隣国オーストラリアへの反骨精神に魅力を感じていた」。伝統校に立ち向かう関東学院大の姿を重ね合わせた。

当時はまだ珍しかった海外合宿だったが、結果的にこれが奏功。華麗さよりも勝利を優先するニュージーランドの激しく基本に忠実なプレースタイルを学び、日本では「汚い」と指摘さえ受けるような、密集での狡猾《こうかつ》な動きができるようになった。大学ラグビーにとって新たな風だった。

春口は、選手をあまりしからないことで知られる。情熱を注ぐのは、理想を押しつけるよりも「個」の力を褒めて最大限に伸ばすことだ。初優勝した97年度の主将で、2003年ワールドカップでは日本代表主将を務めた箕内拓郎（NEC）も高校時代は無名だった。

「入学してきたころは細いというイメージしかなかった。ただ、ひじから先の使い方が妙に印象に残った。体が大きくなれば面白くなるかもと。試合で使うと、頭からボールに飛び込みわしづかみにしてモノにする。きついところで体を張れる選手だということが分かった」。箕内は、春口を「素質を見いだすことにかけて秀でた指導者だと思う」と話す。

「ラグビーは楽しくなければ意味がない」というのも春口の基本方針の一つ。美しく整備された関東学院大の3面の芝生グラウンドには、ラグビーが持つ「汚い、きつい、危険」の3Kイメージを一掃したいとの思いを込めている。安全面に気遣わず、硬い土の上で傷だらけになることを是とする美学には敵意すら抱く。

「継続性」重視も一貫してきた。ニュージーランドとの関係は途切れさせず、94年度以降は、10年連続で合宿を実施。ラグビー協会から各大学に分担される交付金のほとんどを充て、残りは学生が負担。大部屋に寝袋を広げて寝ることも珍しくない貧乏旅行だが、

「無理をしてでも行く価値がある。ミスや妥協を許さない姿勢、ボールへの執着心。選手はラグビーに対する厳しさを知って、必ず何かをつかんで帰国する」

春口　広

日本にもニュージーランドから外国人コーチを招き始めて13年になる。土台に据えると決めたものを信じて貫き通す。積み重ねることが、チームの血となり、肉となると考える。

春口の方針はすべて、伝統への対抗意識と重なる。買い手市場の名門は「展開の早稲田」「縦の明治」など「型」に応じて人材を集めることができる。そんなチームをうらやましく思うが、「強者の論理」を望んでも仕方がない。人材不足から脱するすべは、結果と環境だけ。「何とか格をつけよう」と96年からラグビー発祥国屈指の名門、英オックスフォード大との定期戦をスタートさせた。

一日、一日のすべてのプレーを大切にしよう。それが必ず最後に生きる

2002年度を制した早大の清宮監督は、「アルティメット・クラッシュ（圧倒的破壊）」をスローガンに掲げ、どこでも強気を装っていた。「自分の責任で負けた」と話した春口は、清宮と自分との違いが何かを考えた。結論は「カリスマ性」。敗因は3連覇以外に具体的な目標を提示できなかったことだと思った。監督、コーチ、選手の役割があいまいで、それぞれの意識が一点に集中していなかった。

「1月17日に勝つ。そのために一つになろう」。復帰したグラウンドで、春口は力弁を振るった。日本代表としてワールドカップメンバーに入った山村亮を主将に指名、「リョウさんは心配せず、ワールドカップに行ってくればいい。チームには副将の山本と霜村がいる。ジャパンで自信をつけて戻ってくれれば、チームにとっていい励みになる」と送り出した。

できないことを要求しても、落伍者をつくるだけ。ほんの1カ月前まで、進んで落伍しようとしていたのが自分だった。「無理はしなくていい。自分の今できる限りのことを精いっぱいやれ」と常に口にするよう意識した。

「おれについてこい」式の指導法は捨てた。監督の責任は「選手を信じること」。毎日グラウンドに出て、練習を見て、「自分の責任を果たせ」と選手を励ます。地味でも努力をしている選手が目につくようになり、ストレスを感じなくなった。

いつの間にか、30年前、釜利谷のグランドにおりたった時の自分の原点と重なっていた。ラグビーは楽しむためのもの。

「一日、一日のすべてのプレーを大切にしよう。自分のできることだけを積み重ねればいい。それが必ず最後に生きる」

チーム内には早大に敗れた悔しさが充満。少し控えめになった春口の言葉が程よい刺激となり、選手は進んで不得意な分野に挑むようになった。

2003年度の大学選手権、関東学院大は順当に勝ち進んだ。大会は1回戦を勝ち抜いた8チームを2組に分け、その上位2チームで準決勝を行う新方式を採用。関東学院大は福岡、大阪と転戦を強いられたが、すべての対戦相手を圧倒していった。

春口も、選手も、頭にあるのは1月17日の決勝で、早大に雪辱を果たすことだった。ただ、チームのモットーは「できることを積み重ねよう。すべてが1月17日につながる」。目の前のワンプレーをおろそかにしない姿勢が、成果としてチームに宿っていった。試合に勝つ度に、春口は「まだまだ成長できるチーム」と繰り返した。強気ではなく実際にそう思った。

強さが際立ったのが1月10日、国立競技場での準決勝の法大戦。法大は一週間前のリーグ戦最終節で突き刺さるようなお家芸のタックルが機能、早大を追いつめていた。しかし、関東学院大の戦いぶりは次元が違った。開始30秒で最初のトライを挙げ、20分までに4トライ。28―0と点差を広げ、試合を決めた。前年度、同じグラウンドで犯した失敗を、法大をモデルにやり返した。

17日の決勝の相手は想定通りの早大。雪辱の舞台は整った。春と夏に2度行った練習試合で大勝したこともあり、下馬評は関東学院大が有利だった。「今シーズンはすべてを圧倒してきた。決勝も絶対に勝てる。ただ、早大はこれまでとは違ってくるぞ。気をつけろ」。春口の試合前の問いかけはこの一年間、この日を意識してきた選手の胸にこだました。

前半は0―0。早大は一週間前と比べ一気に進化したような動きを見せた。「普通ならやられていた。完全に早大ペースの雰囲気だった。それを完璧なディフェンスで止めた」と春口。ハーフタイムには「どうだ、楽しいだろう。スリルあるだろう。お前たち、こんなチームと試合をしたかったんだろう」と叫んだ。選手はいきり立ち、山村は言葉にならない雄たけびを上げた。後半は地力の違いを見せつけ、5連続トライで33点差。終了間際に1トライを許したが、集中力は最後まで途切れなかった。

試合後、春口は「一つになれた。完勝できた」と涙を浮かべた。スタンドの監督席からグラウンドに下りる時には、130人いる全部員がグラウンドに立てるようラグビー協会関係者に頼んだ。思いはかなわなかったが、多くの仲間で勝利の美酒を味わいたかった。

「私は頑張っている選手を見極めて試合に使おうと思っていただけ。そしたら二流だった選手が自主的に努力し、一流になっていった。今年ほど楽な毎日を過ごせたことはなかった」と春口は話した。選手は口々に「早大は練習試合の時とは全く違うチームだった」と振り返り、その相手に対しそれぞれが責任を果たし、圧倒できたことを誇った。

春口は昨年9月、非営利組織（NPO）「横浜ラグビーアカデミー」を設立した。関東学院大が芝生のグラウンドを提供し、現役選手がコーチになって手伝うラグビースクール。目的は、国立競技場で応援してくれる、よき仲間をつくることにある。三洋電機や全日空など大手企業の支援を取り付け、会員数は約180人に増えた。

これまで春口と関東学院大は、伝統校に対する反骨精神をバネに成長してきた。ただ、「一つの水準を超えてしまった」。

春口は今、岐路に立っていると感じている。優勝5回は明大（12回）、早大（11回）に続き3位で、慶大や同大は上回った。それなのに、追いつこうとした「伝統」との距離は、どんどん開いていく気がするのだ。

毎年メンバーが替わるなか、97年度から7年連続決勝進出は、21世紀をまたいで日本の学生ラグビーが関東学院大の時代だったことを示す。奪われた優勝杯は三度、翌年に奪い返してきた。しかし「早大のOBは60万人で、うちは6万人。しかもその差は毎年開いていく。同じことはできないな」。伝統校と和して同せず、むしろ組織が小さいからこそ持てる柔軟性を生かす。「おれたちでもここまでできる」といった雑草魂を広く社会に訴えるのが、関東学院大の歩むべきラグビー道なのではない

春口　広

かと考える。

大学選手権の優勝後、3月の日程のやり繰りを迷った。例年より開催が遅くなった日本選手権と、96年から2年に一度の定例行事としている英オックスフォード大への遠征の時期が重なっているからだ。一度途切れると次はないのでは……。そんな心配をした春口に、オックスフォード大関係者は伝えた。

「無理をしなくてもいい。今は勝利を味わってください。今秋に日本に行く時に、必ず試合を組みましょう」

世界的な名門が関東学院大の価値を認めてくれていることを改めて実感した。

春口は、「ホテル・カリフォルニア」で知られる米国のロックグループ、イーグルスの曲にある「Take it to the limit, one more time（限界に挑もう、もう一度）」というフレーズが気に入っている。追う立場にあった昨年は「伝統への飽くなき挑戦」の意味合いが強かったが、再び頂点に立ったことでプライドと自信が備わった今、悲壮感は消えている。

「一度、三途の川を渡って戻って来たんだから、いろいろと考え直すこともある。定年までまだ10年近くあるよね」

春口の考える関東学院大の理想の姿は少しずつ変化している。成長している最中と言えるのかも知れない。

今、目指すものは「crusader（改革請負人）」。楽しいラグビーをとことん追求したい。責任と誇りを持って信念を貫ける集団をチームの基盤にしたい。そして、応援して喜び合える仲間の輪をどこまでも広げていきたい。

◆記者が見たリーダーの素顔◆

練習中の春口監督は忙しい。一時期よりも静かになったとはいえ、あふれる熱意を抑えきれないことが多い。「おい、もうちょっと我慢しろよ」「体勢を低くくだ、低く」などと甲高い声を張り上げ、ついつい グラウンドに乗り出す。選手のお尻を蹴っ飛ばすこともざらという。口を開けば愛嬌たっぷりのおじさん。言葉の節々に皮肉を忍ばせ、顔をくしゃくしゃにしたり、涙を浮かべたり。人の心を動かす豊かな表情はラグビーへの熱い思いの表れか。

春口　広

武井美男――明大中野中高相撲部監督

「若貴は努力の人」その源流は中学の練習にあった

たけい・よしお　1950年9月3日、山梨県生まれ。山梨・日川高で柔道、相撲の二足のわらじをはき、明大で相撲部主将。卒業後、東京・明大中野中学、高校に社会科教諭として着任、相撲部監督に就任した。団体戦六度、個人戦五度のインターハイ優勝。若貴、栃東のほか、玉力道、中尾、魁道の六関取を輩出。アマ相撲界にも日体大コーチの斉藤一雄、東農大監督の安井和男ら多彩な人材を送り出している。

2時間半でピシッと稽古《けいこ》を終わる。その代わり、番数は他校の倍以上

教え子の中から、二横綱一大関を含む六人の関取が生まれた。

若乃花、貴乃花の兄弟、栃東という豪華な顔ぶれに加え、玉力道、中尾（旧名若孜）、魁道《かいどう》。それぞれの歩みをたどると、東京・明大中野中学、高校の監督、武井美男の指導の下で築いた相撲の基礎が、プロで大きく生きたことが分かる。

スピード出世を経て、横綱・大関になった3人はいずれも父が著名力士。二世としての生い立ちがクローズアップされがちだが、幼少時から相撲の英才教育を受けていたわけではない。

わんぱく相撲の体験がある若貴兄弟も、武井いわく「入学当時は飛び抜けて強いわけでなく、普通の肥満児という印象」。野球少年だった栃東に至っては相撲初心者で、「シコも踏めず、すり足もできなかった」という。

そんな子供たちが角界に入門したころには、ほかの新弟子たちにすでに圧倒的な差をつけていた。アマ相撲界で「明中方式」と呼ばれる独特の稽古を積み重ねていくうちに、肉体が鍛えられ、技術が磨かれたのである。

武井が取り入れた指導法は、ちょっとした革命と言っても大げさではないかもしれない。将棋界とともに、相撲界は「プロ、アマの差が最も大きい世界」の代表格に挙げられてきた。格差がだいぶ小さくなり、垣根が低くなった今でも、プロがアマを見下すような空気は残る。そんな中、工夫に富んだ明中の稽古は、大相撲界でも広く導入されている。

2003年6月の貴乃花の断髪式では大いちょうにはさみを入れた

その代表的なものが、「仕切り1回、待ったなし稽古」。

通常、相撲の稽古では一番ごと

に仕切り直しを入れる。両者が向かい合って手をついた後、タオルで汗をぬぐい、呼吸を整えてから、もう一度、仕切った上で立つ。明中にはそれがない。武井は説明する。

「各自の番数が自然と多くなるし、持久力をつけるには、この方法がいいと思った。苦しさの一線を超えることで、スタミナが養われるんです」

とはいえ、体力が備わっていないうちから、続けて何十番も取れるわけがない。

中高一貫制の同校の稽古場には、土俵が二つ。計六学年の生徒が一軍から三軍までの三班に分かれ、交互に土俵に上がる。力を出し切ったタイミングを見計らって、一つの班を土俵から下ろし、シコやテッポウ、また割り、筋力トレーニングなどをさせる。これを交替で繰り返す。

決してスパルタ式ではない。「うちは2時間半でピシッと稽古を終わる。1週間に1日は必ず休みもつくる。友達と遊んだり、買い物したりする時間も必要でしょう。その代わり、番数は他校の倍以上。一番ずつ、負ければ後がない大将戦のつもりでやれと言っている」。

相撲強豪校の中では、どちらかといえば、短時間の稽古。

「だらだらと惰性でやるのは嫌い。人に言われてやるのでなく、強くなるための稽古を自分からしないと意味がない。各自、目的意識を持ってやれと言っている。勉強も一緒、いかにモチベーションを持たせるかです」

それでも、待ったなしでテンポよく続く稽古の番数は、一人あたり七十番から百番に達するという。高校の相撲部は五十番もやれば、大変な量。大型化の進むプロでは関取が三十番も取れば、よくやったとほめられる時代である。短時間に凝縮された豊富な稽古が自然と体力を強くしていく。

「うちの生徒は真夏の炎天下で試合をしても、バテません。日ごろの稽古で、各自が自らの限界を知っている。だから、いつも限界までできるんです」

稽古見学に同校を訪れ、「心肺機能を高めるのにいい」「同じ時間で番数が倍できる」と取り入れたのが、旧藤島部屋を創設して間もないころの現二子山親方（元大関貴ノ花）。待ったなし、連続で百番近く続く旧藤島部屋創成期の猛稽古は、角界の語り草になっている。その源流は明中にあったようだ。

「教え子の中で、勝君（若乃花）と光司君（貴乃花）の二人は、もうやめろと言っても、けんか腰で稽古を続けていた。いい加減にしろとこちらが止めて、ようやく終わるような感じでした。角界のサラブレッドのように言われますが、素質というより、若貴は努力の人なんですよ」

中学出や高校出で入門し、番付に載る前の「前相撲」からスタートする力士を、マスコミは一般に「生え抜き」と表現したりする。学生相撲でビッグタイトルを獲得して幕下付け出しでデビューする力士との対比で、最底辺から番付を上げていく過程に夢をはせるからだ。

若貴は生え抜きのスターとして扱われがちだが、実態はアマで活躍してプロに入ってきた学生相撲出身の強豪に近い。明中でプロ顔負けの稽古を重ね、入門段階では、ほかの相撲初心者の新弟子たちに大きな差をつけていたからだ。

若貴は角界入り後、つらかったことに、稽古の厳しさよりも、若い衆として雑用などに追われたことを挙げている。プロの稽古に耐えるだけの素地はすでに武井の下で培われていた。入門時の均整のとれた体つきに、鍛えられた跡を見ることができる。

ただ、稽古の量は強くなるための前提に過ぎず、稽古中の意識は技術面のセオリーに置くべきだというのが武井の考え方。そこには相撲指導者にありがちな「強く当たれ」「まわしをほしがらず、押せ」といった単調さはない。

小さくても勝てる体力づくり、多彩な技術を教えたくて相撲の指導者になった

稽古場でもっぱら口にするのは「上手は浅く、下手は深く」「差し手の方向に寄れ」など、対初心者も含めて、かなり実践的な部分に踏み込んでいる。「なぜ」の部分をかみ砕いて説く。実践できないと、その理由を確認し合う。探求心と向上心を引き出すために、指導者は相撲分析能力が欠かせないと考える。

根底には監督就任当初の失敗がある。明大相撲部で主将を務めた武井は、自ら得意とした突き押しの型を求めたが、結果はさっぱり。「教師になりきれず、大学の先輩のままの気持ちで接していた。生徒は性格も体形もそれぞれ。押しつけでなく、技術を研究して選択肢を提供しよう」。発想を切り替えるのに、3、4年かかった。

山梨県の出身。日川高時代、柔道部と相撲部の両方に所属したが、次第に相撲に引き込まれていったのは、「階級制がなく、小が大を制す醍醐味がある」「柔道と違って、勝負がはっきりつく」といった理由からだった。

大きなタイトルとは縁がなかった明大時代。「自分は大学時代、一流選手じゃなかった。だから、優勝する喜びを味わせてやりたい」。そう思って、小さくても勝てる体力づくり、多彩な技術を教え

たくて相撲の指導者になった。なのに自らの型にこだわって、当時の生徒と信頼関係を築けなかった。そんな後悔が相撲を研究し直す契機になったという。

「相撲は自分十分、相手不十分にしなくてはダメ。小さい子は特にそう。そのために細かいテクニックが必要だし、瞬発力やスタミナが求められる」

明中では稽古の終わりに15分ほど、まわしを切る動きを反復するのが慣例になっている。差し手の部分のひじを張り、腰を振って一瞬にして切る。貴乃花はこの技巧を横綱になってからも武器にした。

ひと回り体が小さい若乃花、栃東はまわしを切る技術に加え、おっつけという武器を磨いた。ひと言でおっつけといっても、相手のワキの下からめくり上げるようなものもあれば、手首をつかんで持ち上げる攻め方もある。状況に応じて使い分けられるよう、身ぶり手ぶりで指導した。

ウエートトレーニングとプロテイン摂取も奨励した。稽古終了から30分後、部室でプロテイン入りの牛乳を飲むのが日課になっている。稽古で鍛えながら、小さく、細い体を大きくするためだ。逆に、もともと体重が重い生徒にはまず体を絞らせ、余分なぜい肉をそぎ落とした後で、筋力をつける段階に移行する。

高知・明徳義塾のような全寮制でもなければ、スポーツ特待生の制度が完備されているわけでもない。相撲部員も小学校時代に塾通いを経て、普通に入試を受けて入ってくる。わんぱく相撲などで素質のありそうな子に目をつけてスカウト活動のようなことはする。だが、受験の壁があり、入学までこぎつけることはむしろ少ないという。

「最近は相撲名門校のようにも言われるけれど、実情はだいぶ違います。有望な子がほかの学校に流れることが多い。それでも、中高一貫制のいいところで、6年間指導すれば、大体は何とかなるもんです。勉強する習慣も身についているから、相撲についての理解力もある。体格に恵まれてない者もいるが、例えば中学で入学した時に60キロだった子が、高校を卒業するころには120キロぐらいになる。倍近くになるんですよ」

6年かけて白地に絵を描いていくような楽しさがある。

教え子の大相撲入りには、常に慎重な姿勢を本人に示すという。「関取になっても、年寄名跡取得の都合がつかなければ、やめていくしかない。だから、プロ入りは勧めない」。

「親が相撲部屋を持っているなら、まだいいけど」と言う。それでも、有名力士の二世たちには「親の七光にはなるな。大相撲に行くなら、その逆になれ」と言った。中卒でのプロ入りを申し出た栃東には、「高校横綱になってからにしろ」と言って説得。助言通りにタイトルを獲得し、入門後はほぼノンストップで三役まで駆け上がった。

同じく高校進学を勧めた貴乃花には、「おやじ（貴ノ花）の十両昇進の記録（18歳1カ月）を破りますから」と押し切られた。兄の若乃花も行動を共にし、高校を中退して角界入り。そこに相当の覚悟を感じたという。

玉力道は明大、魁道は中大、中尾は中大から実業団の日本通運を経て、それぞれプロへ。

「皆、僕の反対を押し切って入った子ばかり。だから、頑張らざるを得ないでしょ。プロに進むなら、自信を持って行かないと。教師の立場では、成功する可能性が一番高い確率で送り出したいですからね」

ただ強いだけでなく、社会人としても横綱になってくれ

いま気になるのは、まだ関取になっていない教え子のこと。栃東と同期で明大から玉ノ井部屋入りした東桜山（旧名田代、２００４年春場所幕下）、同じく明大を経て春日野部屋入りした谷村ら、十両の一方手前まで行きながら目標に到達せず引退した力士もいる。それでも、プロ入りした卒業生の過半が関取になっているのだから、成功率は極めて高い。

力士養成学校のように言われることには抵抗がある。「ただ強いだけでなく、社会人としても横綱になってくれ」と言い続けてきた。出世するかどうか以上に、その後の教え子の振る舞いや生きざまが心配になる。だから、母校へのさりげない気遣いを示されると、何よりも喜びを感じる。

貴乃花が17歳４カ月という若さで新十両に昇進し、給料取りになった時、「生徒にごちそうしてください」と5万円の入った封筒を手渡してくれた。その後も若貴からは優勝賞品のワゴン車が林間学校用に寄贈され、栃東からは合宿中に差し入れが頻繁に届く。

２００３年6月1日の貴乃花の断髪式には、超満員の中、生徒ら母校関係者70人の招待を受けた。まげを落とした後、顔を合わせると「先生、うちの部屋でもまわしを切るけいこ、やりますから」と言われたという。力士として大きな功績を残す一方、社会人、新人親方としての姿には角界内から辛口の評価が聞こえてくる貴乃花。しかし、身近でその歩みを見守ってきた武井は「きっといい指導者になる」と確信しているという。

武井美男

アマ相撲界にも人材を数多く輩出した。アマ横綱に到達した2人はともに学生相撲の指導者。安井和男は東農大監督を務め、斉藤一雄は日体大のほか、世界選手権の全日本チームでも指揮した。国体で優勝を経験した藤本恵三は同志社大を経て、現在は明中のコーチ。ほかにも、青森県十和田市で市議会議員になった教え子ら、卒業生の各分野で奮闘する姿についてうれしそうに語る。

東京都相撲連盟、東京都高体連などの役職にも就いている武井の関心は、アマ相撲界全体の発展にも向かう。わんぱく相撲が盛んな日本でなぜ、中学や高校になると競技人口が先細るのか。思春期に裸にまわし姿になる相撲を避け、野球やサッカーなど他競技にひかれる傾向が昔から変わらないとしても、「中学に指導者が少なすぎる」のがより大きな要因とみる。

こればかりは関係各方面に訴え続けるしかない。と同時に、自らが培ってきた指導法をできるだけ広く役立ててもらおうと、他校の合宿などにも出向いて教えているという。メディアにも積極的に登場して、「相撲講座」の番組の講師役として持論を解説する。

「相撲の発展のためになるなら、できることは何でもやりたい」。明大中野に社会科教諭として着任し、相撲部の監督を始めて三十年余り。指導者として集大成の時期に入る武井にとっては、中学、高校で相撲を盛んにしていくことが、残された仕事と言えるかもしれない。

◆記者が見たリーダーの素顔◆

取材後、稽古場へ。稽古開始からすでに1時間たっており、「今、30番です」などと部員が次々と番数を監督に報告に来る。すべて自己申告。信頼関係あればこそだろう。「無理やりやらせる稽古は嫌い」と繰り返す武井。やる気を引き出すのが、終わりを区切った稽古時間と、実戦に沿ったセオリーか。取材に訪れたのは貴乃花の断髪式直後。「稽古は実戦的に。稽古場以外はなるべくリラックスできる環境を」。貴乃花親方が目指す方向性も、武井流の指導法と重なる。

武井美男

藤沢和雄——JRA調教師

勝負師の口癖「馬には優しく接しろ」

ふじさわ・かずお　1951年9月22日、北海道苫小牧市生まれ。北海道産業短大（現北海道産業大）卒業後、73年に渡英。ニューマーケットのプリチャード・ゴードン厩舎《きゅうしゃ》で厩務員として4年間勤務。77年にJRA調教助手となり、87年に調教師免許取得。88年開業。2003年までに全国最多勝10回。98年、タイキシャトルで仏GIを制覇。シンボリクリスエスは2年連続でJRA年度代表馬に。

厩舎《きゅうしゃ》の結束を固めるため「聖域」をなくす

2003年12月28日、午後3時40分。藤沢和雄は中山競馬場の検量室の一角の机に腰かけ、頭上のモニターテレビを注視した。画面は同時開催の阪神競馬場のメーン競走「ベテルギウスステークス」（ダート1800m）の発走地点を映し出していた。

中山では10分ほど前に、年末を飾る大一番、第四十八回有馬記念（芝2500m）が終わったばかり。藤沢の管理するシンボリクリスエスは、1番人気に応え、2着のリンカーンに9馬身という同レース史上最大の着差をつけ、コースレコードの2分30秒5で圧勝。現役最後のレースを、これ以上ない形で締めくくっていた。西日が差し込むスタンドは、圧勝劇の余韻がさめやらぬ様子。コース上では表彰式が始まろうとしていた。

藤沢の視線は、画面に映った管理馬のトレジャーを追っていた。スタートが切られ、向こう正面でトレジャーが上位進出を図ると、ポーンと一回手をたたいた。しかし、直線に入ると、後続馬との追い比べで伸びを欠き、結果は4着。藤沢厩舎の2003年はこうして終わった。JRA職員に促されて藤沢は表彰式会場へと向かった。

藤沢和雄

トップ調教師となっても「昔と大きく変わっていない。走ったのは馬」

この年、藤沢の厩舎は中央競馬のレースに延べ259頭を送り、63勝2着36回。中央競馬の勝利数では、9年連続10度目の最多勝に輝き、勝率2割4分3厘、連対（2着以内）率3割8分2厘も、220を超える厩舎の中で群を抜くトップ。開業16年で、JRAのGI（最高格）競走勝利数も16を数え（他に海外1

勝)、2位(10勝=4人)を引き離す。その年最も活躍した馬に贈られるJRA年度代表馬も、1998年のタイキシャトル、2002、2003年のシンボリクリスエスの3回を数え、JRA最強厩舎の座に君臨している。

スポーツの世界には、このような最強集団がないわけではない。だが、それらはサッカーのレアル・マドリード(スペイン)に代表されるように、長い伝統があり、傑出した資金力でスターを買いあさっている。欧州競馬の名伯楽も、世界的な馬主が所有する厩舎で営業するお抱え調教師の場合が大半だ。

ところが、日本の競馬では原則として、JRAや地方自治体などの競馬施行者が厩舎を持ち、免許を持つ調教師に貸し付ける。つまり、特定の大馬主の専属調教師は存在しない。サッカーと同様、競馬でも長い目で見れば、値段の高い馬は強い。資金力のある大馬主の専属となり、次々に高い馬を買ってもらえば、成功の確率は高くなるが、JRAのシステムの下ではほぼ不可能である。

どんな調教師も、開業の際はゼロから出発する。開業と同じ時期に定年や廃業などで解散した厩舎から、調教助手や厩務員が移ってくる。しかも、厩務員は一人が2頭の馬を担当するルールがあり、移籍の際には馬も一緒という例が多い。調教師が自分でスタッフを選ぶことは認められておらず、馬も人も寄せ集め集団から出発する。勝って評価が上がると、徐々に資金力のある馬主から「自分の馬を管理してほしい」というオファーが来て、扱う馬の資質も上がっていく——。これが最も一般的な成功パターンである。

藤沢和雄厩舎の開業は1988年3月1日。ご多分にもれず、寄せ集め集団からの出発だった。早朝、6人の厩務員に、馬に乗って調教コースへ向かうよう指示した。ところが、最も古株だった厩務員1人を除いて、全員が尻込みしてしまった。開業と同時に、厩舎に入った新しい馬を、癖が分からないために怖がったのである。

藤沢の調教理論の基本は、馬を十分に歩かせることにある。

競走馬は「ガラスの脚」を持つといわれ、故障はつきものだが、事故はレースや速い調教を行ったときに起こる。歩くだけなら故障はしないし、それでいて時間をかければ結構な運動になる。また、歩き方の悪い馬は心身のどこかに問題を抱えている場合が多い。十分に観察して、休ませたり治療するといった適切な処置を施せば、より重大な事故を未然に防ぐこともできる。

厩務員は日常の馬の手入れや給餌が仕事とされ、以前は馬に乗れない人も少なくなかった。厩舎には騎手や専門の調教助手もいるが、人件費を抑える狙いから6頭につき1人と決められていた。歩行運動まで助手に任せていては、到底、手が足りない。のっけからつまずいた藤沢は「思い通りにはいかないな」と落胆したが、手をこまねいてはいられない。その日から、助手の松田幸吉を先生役に、即席の乗馬教室が始まった。

数カ月もすると、全員が歩行運動をできる程度に上達した。乗馬の問題は解決したが、寄せ集め集団ゆえの難題は、次から次に出てきた。

日本の競馬は欧米と異なり、調教師が厩務員に細々とした指示をしない場合が多々ある。担当馬は厩務員の「聖域」という感覚さえあり、自己流の馬の扱いを許容する調教師も少なくない。藤沢はJRAの調教助手となる前に4年間、競馬発祥の地・英国のニューマーケットで勤務していた。そこでは、調教師と厩務員の間に厳格な身分格差があり、落差は大きかった。

「ここではどんな問題が起きても、最後に責任を取るのは私だ。言う通りにしてくれ」

厩務員たちにそう言い渡したが、当然のごとく反発する者はいた。地道に説得するしかない。毎日、夕方の作業が終わると、この世界で「大仲」と呼ばれる従業員の居間で、缶ビールを傾けながら、あれこれ話し合う日々。弱かった酒の量がいつしか増えた。

藤沢は厩舎の結束を図るため、一つの手を打った。中央競馬には、担当馬がレースで賞金を稼ぐと、5%が担当厩務員に「進上金」と呼ばれる成功報酬として与えられる。藤沢は5%のうち2%を厩舎でプールし、全員に均等に配分したのである。

厩務員の収入は、担当馬のよしあしで天国と地獄ほどの差が出る。しかも、トレセンで生活する人はみな、どの厩舎の誰がどの馬を担当しているかを知っている。調教師が素質馬を誰に割り振るかは、厩務員の生活を左右する。一つ対応を誤ると、厩舎の内部は嫉妬《しっと》の渦巻く世界となってしまう。藤沢の厩舎は、出張を伴う関西の競馬場への遠征も多い。担当馬の1頭が遠征に出て、1頭が美浦に残る場合も多く、こんなときは担当でない厩務員が残った馬を扱う。進上金をプールして均等配分したのは、全員に「担当者の馬ではなく、厩舎の馬」という意識を持たせるためだった。

後に藤沢は、多くの管理馬を海外のレースに送るようになるが、1頭の馬に1―2人の従業員が長期間、同行するため、留守部隊の負担は小さくなかった。プール方式は不満が出るのを防ぐ仕掛けにもなった。日本だけでなく世界を視野に、馬に合ったレースを選択する上でも、厩舎のフットワークを軽くすることは、大きな意味を持っていた。

ただ、集団の結束を固める上では、どんな仕掛けも、成功体験には勝てない。藤沢厩舎の勝ち星は、手駒の少ない初年度こそ8勝だったが、翌年から15→22→36と、とんとん拍子に増えた。4年目には関東地区最多勝となり、全国でも勝率トップに立った。勝てば従業員全員の収入も増え、士気も上がる。「この人についていけば」と、藤沢への信頼も高まった。寄せ集め集団に結束が生まれた。後に調教助手の松田幸吉は「ウチは定年か病気以外でやめた人がいない」と話したが、これも結束の一つの表れと言える。

厳しい決断と、粋な配慮を当意即妙に使い分ける

大レースでの活躍が期待される素質馬を引き入れることも、厩舎の士気を高める材料なのだが、藤沢は馬の「仕入れ」に、基本的にタッチしない。

仕入れとは、生産牧場やセリ市場を回り、有望なゼロ歳、一歳の馬を探すことで、調教師の重要な仕事とされている。だが、藤沢は「我々の職場は、トレセンや競馬場。世界のトップ調教師で、毎週、牧場に行く人はいない」と言い切る。技術の確かさを示せば、自然と馬は集まってくる。

藤沢は人から聞いたという、フランスの名伯楽、アンドレ・ファーブルのエピソードにも触れた。翌年のデビューを目指して一歳馬が厩舎に来ると、ファーブルは「ロクな馬がいない。来年は苦戦する」と繰り返すという。

藤沢はファーブルが「来年も良い競馬をするぞ」と、自分にムチ打っていると解釈する。勝負事に浮き沈みはつきものだが、成績が落ちたとき、馬のせいにしてはならない、との戒めだ。

藤沢厩舎を語る上で、欠かせない人物が一人いる。ＪＲＡの現役最古参騎手、岡部幸雄である。藤沢と岡部が関係を深めた際には、あるクラブ法人馬主が橋渡しをしていた。後にタイキブリザードやタイキシャトルなどを送った「大樹ファーム」である。岡部は大樹ファーム社長、赤沢芳樹の父・胖（ゆたか＝故人）から、下積み時代に恩を受けたため、芳樹が大樹ファームを立ち上げた時、藤沢に力添えを頼んだのである。

そんな経緯もあって、岡部は藤沢厩舎の主戦騎手となったが、日本のトップで、海外の競馬も熟知する騎手の存在が強い味方になったのは言うまでもない。藤沢は「自分の弱点は騎手経験がなく、コースの上での機微を知らないこと」と言う。それを埋めるのが岡部の助言だ。馬の潜在能力や状態、どのコースに適しているかを的確に指摘する。どんな騎手も、有力馬の多い藤沢厩舎とは良い関係を保ちたい。そのせいか、若い騎手はつい、騎乗馬について社交辞令を口にするが、「岡部ジョッキーにはそれがないから助かる」と言う。

90年代後半に入り、日本のトップ調教師となった藤沢は積極的に海外の大レースを目指すようになった。

米国の最高峰、ブリーダーズカップ・クラシックに2年連続で挑んだタイキブリザード。98年に伝統の仏GⅠ、ジャック・ル・マロワ賞を勝ったタイキシャトル。遠征で騎乗したのは岡部だった。また、両馬とも米国産で、タイキシャトルは米国で大樹ファームが生産した馬だった。このへんに、藤沢厩舎の仕入れの特徴がある。大樹ファームのようなクラブ法人は、不特定多数のファンの出資金を、馬の生産・購入に充てており、馬集めのためにプロの目利きを雇っている。「仕入れはプロに任せればよい」というのが藤沢の持論で、今も藤沢の管理馬にはクラブ法人の所有馬が多い。

トップ騎手とのパートナーシップは、厩舎の地位を揺るぎないものにした。だが、藤沢と岡部の関係は、プロフェッショナルならではの緊張感をはらんでもいる。2002年10月、シンボリクリスエスは岡部とのコンビで天皇賞・秋を制した。ところが、翌11月のジャパンカップで、藤沢はシンボリクリスエスに岡部ではなく、もう一人の主戦であるオリビエ・ペリエ（仏）を騎乗させ、同厩舎のマグナーテンに岡部を配したのである。ところが、シンボリクリスエスはスタートで出遅れて3着に敗れた。GIで結果を出した騎手が、次のレースで交代となることは、めったにない。代えて結果が悪ければ、どんな批判を浴びるか分からないからだ。実際、岡部に対する同情論めいた声も上がった。

岡部はその年の有馬記念が終わった後、ひざや腰の状態が悪化したために休養に入り、ブランクは1年1カ月にも及んだ。復帰当日の2004年1月25日、藤沢は岡部のために、GI級の大物と期待されていた牝馬ダンスインザムードを用意した。結果は全くの楽勝で復帰初白星。岡部がこの馬に乗り、まだ勝っていない桜花賞を勝つのでは——。多くの人がそんな場面を頭に描いたのだが、藤沢は同馬の次戦に、来日予定のあるペリエを再び配すると、早々に表明した（その後、同馬には武豊が騎乗することになった）。体調が十分に戻るのを見極めたい、というのが理由だった。厳しい決断と、粋な配慮を当意即妙に使い分けるのが藤沢の手綱さばきである。

後輩調教師の国枝栄は、藤沢の影響を強く受けた一人で、藤沢を「馬の見極めも、人の使い方も本当にうまい。天性なのか……」と舌を巻く。国枝は藤沢のゴルフ仲間でもあり、藤沢がコースでしばしば見せる思い切りのよさに、勝負師の資質を感じるという。

いかに勝負師でも、勝ち続けることに飽きたりはしないのだろうか？

人間の都合だけで馬に厳しい負荷をかけるべきではない

藤沢は開業から15年たった自らの厩舎について「昔とそんなに大きくは変わっていない。走ったのは馬」と断言する。馬を扱う技術はさして向上していない。だから「成績が上がっていても、『危ない』と感じる時がある」とも言う。人間との信頼関係で結ばれた馬たちが、日々を生き生きと過ごすことが、藤沢の理想である。だから、日ごろから従業員には「馬には優しく接しろ」と言い続けている。相手は体重500キロ前後の大動物。意のままにならないのが当たり前で、そこで怒って手荒に扱ったりせずに「『元気がいい』と受け流せるようでなくては」と思う。

理想の原型は、20代前半に見たニューマーケットにある。現在の英国競馬は、階級社会の揺らぎとともに、多くの有力なパトロンを失い、昔日の面影はない。だが、資金力のある中央競馬の下であれば、ホースマンとしての理想を追求できると考えている。資金力があれば、従業員の生活も安定し、高い動機付けで馬を扱うことも可能になる。チャンスがあれば海外に遠征するのも、技術向上のためである。自厩舎だけでなく、日本の厩舎人全体の技術が高くなれば、馬がより良い状態で生きて行ける。仮にそうなれば、藤沢厩舎も現在のような独り勝ちは難しくなるが、「それでも構わない」と言い切る。

コース上でも、まだ手が届いていないタイトルは少なくない。藤沢は競馬の祭典、日本ダービーに2002年は4頭、2003年は3頭を送り出したが、いずれも2着が最高だった。ダービーだけでなく、競馬の華といわれる三歳クラシック5競走は未勝利だ。三歳馬は心身とも未完成。人間の都合だけで厳しい負荷をかけるべきではない、と、チャンスのありそうな馬にも無理をさせなかった。こうした「馬優先」のスタンスは、今も同じ。負ければ体裁が悪いのを覚悟で、タイキシャトルやシンボリクリスエスの引退式をラストラン当日に組んだのも馬への配慮だった。だが、完成度の高い手駒が集まるとともに、積極的に打って出る姿勢に変わりつつある。

シンボリクリスエスが年度代表馬として表彰された2004年1月26日。同じ会場では、JRA創立五十周年を記念して、優秀な成績を残した引退騎手・調教師10人に対する顕彰が行われた。調教師の選考基準は「クラシックや天皇賞、有馬記念を10勝、中でも日本ダービー2勝以上」だった。藤沢はクラシック未勝利。天皇賞と有馬記念の計5勝にとどまっている。これでも大変な数字だが、表彰式の合間に、記者に囲まれた藤沢は「先は長いな。まだダービーも勝ってないし……」。

良きホースマンでありたい、と思い続ける勝負師の視線の先には、まだ手にしていない日本と海外の、多くのタイトルがある。

◆記者が見たリーダーの素顔◆

成績上昇とともに「理論派」として注目を集めた藤沢調教師だが、近くで見た印象はむしろ「実感派」である。とにかくよく動く。管理馬の状態の些細な変化も見逃すまい、という姿勢が見える。毎週のように、重賞レースに有力馬を送り出すので、厩舎の前には報道陣の行列ができるが、取材には非常に協力的だ。ジョークを交えたり、「馬券は当たっているかい」と、特徴の甲高い声で記者を冷やかしもする。マスコミへの協力姿勢も「日本の競馬はファンに支えられている」という思いからである。

エディ・タウンゼント——ボクシング・トレーナー

幾多のチャンピオンを育てた「ハートのラブ」

エディ・タウンゼント　1914年10月4日、ハワイ生まれ。アマチュア、プロで活躍後、トレーナーに転身。62年、プロレスラーの力道山が開いたリキジムに招聘されて来日。67年に同郷の藤猛を世界スーパー・ライト級チャンピオンに導く。その2年後には海老原博幸の世界タイトル再獲得に尽力。さらにフリーのトレーナーとしてジムを転々としながら柴田国明、ガッツ石松、友利正、井岡弘樹を次々に世界チャンピオンに育てる。88年2月1日、井岡の世界タイトル初防衛の直後、結腸がんのため73歳で死去。

選手とトレーナーの信頼関係を一瞬で築く「マジック」

ボクシングのトレーナーは集団を束ねる仕事では決してない。したがって、本来そこにリーダーの資質を持った存在を見つけることは困難なことなのかもしれない。しかし、日本、東洋太平洋、そして世界と何人もの若者にチャンピオン・ベルトを巻かせたとなると、そこに人を導く特別な能力を認めざるを得ない。

「エディさん」の名で親しまれた日系二世、エドワード・タウンゼント・ジュニアは、そんな数少ない名伯楽の一人だった。

エディさんが育てた世界チャンピオンは6人。〝ハンマーパンチ〟の藤猛（スーパー・ライト級）に始まり、〝カミソリパンチ〟の海老原博幸（フライ級）、天才パンチャーといわれた柴田国明（フェザー級、スーパー・フェザー級）、〝幻の右〟で知られるガッツ石松（ライト級）、沖縄出身の友利正（ライト・フライ級）、そして18歳でベルトを腰に巻いた井岡弘樹（ミニマム級、ライト・フライ級）――スラッガーもいれば足を使う長身のボクサー型もいる。個性派ぞろいという点が興味深い。そこにエディさんのトレーナーとしての手腕と、人としての懐の深さを見て取ることができる。

ハワイのオアフ島でアメリカ人の父親と日本人の母親の間に生まれたエディさんは、アマチュア選手時代にハワイのフェザー級チャンピオンにもなった実績を持つ。プロでも14戦を経験し12勝2敗という好戦績を残したが、太平洋戦争の勃発で継続を断念した。引退後にトレーナーに転進し、1950年代には教え子を連れて来日したこともある。

そのエディさんが指導者として日本のリキジムに招かれたのは、東京オリンピックを2年後に控えた62年のことだった。5年後、同郷の藤猛を世界チャンピオンに育て上げると他のジムからも指導を請われるようになった。リキジムの閉鎖という事情も重なり、その後、エディさんはフリーのトレーナーとして活躍することになる。

船橋ジム、協栄ジム、ヨネクラジム、三迫ジム、斎田ジム、石川ジム、金子ジム、グリーンツダジムなど、渡り歩いたジムは10を超える。世界チャンピオンにはなれなかったが、田辺清（元日本フライ級チャンピオン）、カシアス内藤（元日本ミドル級チャンピオン）、内山真太郎（元日本バンタム級チャンピオン）、用皆政弘（元日本ライト級チャンピオン）、大阪で「エディタウンゼント・ジム」を主宰する村田英次郎（元東洋太平洋バンタム級チャンピオン）、そして現在は俳優として活躍する〝浪速のロッキー〟赤井英和もエディさんの門下生だ。

そんな中の一人、田辺清は36年以上経った今でもエディさんとの出会いを昨日のことのように鮮烈に記憶している。ローマ・オリンピックで銅メダルを獲得した田辺はプロ転向後、わずか2年で日本チャンピオンになるなど目覚しい活躍をみせていたが、コンビを組んでいた英国人トレーナーと袂を分かった後は生彩を欠く試合が続いていた。無敗の20連勝、世界ランキング2位に名を連ね、ノンタイトル戦ながら当時の世界チャンピオン、オラシオ・アカバロ（アルゼンチン）と対戦するチャンスをつかんだが、ボクサー生命をかけた大勝負を前に不安は隠せなかった。関係者がエディさんを紹介したのは、そんな時だった。

「ボクサーとベストフレンドでいること」がエディさんの選択だった

「アカバロとの試合が2月20日で、僕がエディさんと初めて会ったのが1月25日。練習中にジムの外を見たらエディさんがニコニコ笑っていたんだよ。その瞬間、『あっ、この人は僕を助けに来てくれたんだな』と直感したね。ジムに入ってきたエディさんは『田辺、背中にゴミがついているよ』って言うんだよ。なんだろうと思って鏡を見たけれど何もない。それを見てエディさんはニヤニヤしているわけよ。あー、やられたって思うじゃない。で、次の瞬間、笑いながら僕の背中をバチーンと叩くのよ」

試合まで1ヵ月足らず。即席のコンビには、お互いの性格を探り合いながら徐々に距離を詰めていくほどの時間的余裕はない。エディさんは本来なら数カ月、場合によっては数年かかる選手とトレーナーの信頼関係を一瞬で築いたのである。

ジムからの帰り際、エディさんはこう付け加えた。

「田辺、僕は君のお父さんであり、お母さんであり、お兄さんでもある。それより何より僕は君のベストフレンドよ」

これで田辺は完全に〝エディ信者〟になったのだという。

田辺は前任のトレーナーからディフェンシブなボクシングを教わっていたが、エディさんのアドバイスを受けて、わずか25日間で攻撃型のスタイルに変換することに成功した。そして、そのスタイルが功を奏して世界チャンピオンから2度のダウンを奪って6回TKO勝ちを収めるのである。

「エディ・マジックですよ。もう最初の5分で僕はエディさんに全面的に信頼を置いたんだから。以前の戦闘スタイルだったら勝てなかっただろうね」

世界チャンピオンをノンタイトル戦で下した田辺には、4カ月後に今度はタイトルマッチが組まれたが、その試合を前に田辺は網膜剝離を患い選手生命を絶たれてしまった。エディさんはそんな失意の愛弟子を毎日のように見舞ったという。

ボクサーは馬じゃない。マシンじゃない。体は一つしかない

エディさんの育成法は選手の長所と個性を最大限に生かしたものだった。その根底にあったのはボクシングとボクサーへの献身的な愛だった。エディさん風に言うならば「ハートのラブ」ということになる。

デビューから12試合連続KO勝ちを収めたこともある赤井は終始一貫して攻撃偏重の戦闘スタイルを貫いて人気を集めたが、反面、ディフェンスの拙さを指摘する専門家も少なくはなかった。しかし、エディさんはそれを改めるような指導はしなかった。

「僕はKOが売りでしたから、打たれるリスクも承知のうえで戦っていたんです。攻撃を重視するとどうしてもガードは低くなってしまうんですよ。そのことでエディさんと話したことがあります。そのときエディさんはこう言いました。『両方の腕をアゴの近くに置いてみなさい。それで強いパンチ打てる？　打てないでしょ。あなた、ガード低い。でも、それだと強いパンチ打てるでしょ。あなた、すごいパンチ持っているの。それを生かせばいいの。ノープロブレム（問題ない）よ』って。長所を褒めてくれる人でしたね」（赤井）

その一方で合理的な思考の持ち主でもあった。ボクシングにおいてもアメリカナイズされた考え方

と行動が見受けられた。

ガッツ石松が言う。「あなたがやらないなら私もやらない。あなたが一生懸命がんばるなら私も一生懸命がんばる。そういう考え方の人でしたね。だから選手がやらない、休むと言えばエディさんも休んでいましたよ」。それゆえウマの合わない選手がいたのも事実だ。

また、エディさんは選手が試合中にグロッキーになると早めに棄権のタオルを投入することでも知られていた。

「ボクサーは馬じゃないのよ。マシンじゃないの。体は一つしかないのよ」

ジムの最高責任者である会長の前でもそう言ってはばからず、止める腕を振りほどいてタオルを投げ入れたこともあった。常に選手のことを第一に考えていたのだ。指導法を巡って、根性と前進を盲信する会長や同業者と対立することもあったと聞く。

この業界には引退した選手がトレーナーに転進し、さらに会長としてジム経営に乗り出すケースが少なくない。エディさんにもそのチャンスがなかったわけではない。事実、何度かスポンサーが名乗りを上げてジム経営のプランが持ち込まれていた。しかし、エディさんはそのすべての申し入れを断り、最後までジム経営に携わることなく生涯一トレーナーを通した。選手と金銭の絡むビジネスライクな主従関係を結ぶのを嫌ったのだ。「その気になればお金もうけもできたと思いますよ。でも、名誉欲とか金銭欲とか、そういう欲はまったくなかった人だったから。ただただボクシングが好きだったんでしょうね」（百合子夫人）。

ボクサーとベストフレンドでいること――それがエディさんの選択だった。

毎月21日には東京・中野の百合子夫人の店、スナック「21（ドンピン）」にはエディさんのかつての教え子たちが集まって亡き師を偲ぶ会が開かれる。そこには元世界チャンピオンや日本チャンピオンに交じって4回戦、6回戦のまま無名で引退した元ボクサーの顔もある。みんなエディさんが平等に愛情を注いだベストフレンドたちである。

ボクシングは一対一の個人格闘技だけに、選手が抱く孤独感は強いものがある。当然のことながら恐怖心との葛藤もある。その心理状態は「小さな子供と同じ」なのだとガッツ石松は言う。

「試合が近づいてくると選手は肉体的な疲れに加えて精神的にも不安定になる。でも、そこに母親がいてくれると安心できるじゃない。何も言わなくてもホッとして落ち着くよね。母親っていうのは子供がなぜ泣いているのか、何を怖がっているのか分かっているんだよね。エディさんはそんな母親みたいな存在だった」

決して尻を叩いて子を意のままに動かす〝母親〟ではなかった。井岡はエディさんから怒られた記憶がないという。

「褒められたことはいっぱいありますよ。ちょっとしたことでも褒めてくれるので、こっちもその気になるじゃないですか。うまく自分から動くように気分を乗せてくれるんです。だから本当は厳しいはずのトレーニングも楽しんでやることができたんでしょうね」

北風よりも太陽。それがエディさんの指導の極意だった。

最後の愛弟子との壮絶な〝二人三脚〟

そのカリスマ性を表す逸話にも事欠かない。

ガッツ石松の防衛戦でのこと。11回終了時点ですでにスタミナも尽きかけ、ダメージも重なって戦況は不利。疲弊してコーナーに戻ってきた石松が椅子に座ると、エディさんは石松の頬に両手を添え、その顔を相手コーナーに向けさせた。その視線の先には、今まさに石松から世界タイトルをもぎ取ろうとしている男がいた。

「石松、これはケンカよ。あなた、ケンカ強いでしょ。あいつをぶっ飛ばすのよ！」

この叱咤で石松は蘇生し、次の回にKO勝ちを収めたのだった。

その後も勝ち続けた石松は5度目の防衛戦を敵地プエルトリコで戦い、判定負けで王座を失うが、そのときリングサイドにエディさんの姿はなかった。

「あのときもエディさんがいてくれたら絶対に勝っていたと思う。それぐらいにあの人の存在は大きかった」と振り返る。

育てた6人の世界チャンピオンのうち、唯一プロデビュー戦からコーナーにセコンドとしてついた井岡に対する思い入れは、他の選手とは違った特別なものがあったようだ。「エディさんは最後の仕上げをするだけで、選手を一から育てたことがない」という、羨望と嫉妬の交じった声に対する意地もどこかにあったのかもしれない。

ふたりはエディさんがグリーンツダジムで赤井を指導することになったのが縁で知り合った。年齢差は55。孫といってもおかしくないほど年の離れた、中学を出て間もない長身の少年がジムで動くのを見て、エディさんはそこにダイヤの原石を見て取ったのだ。半年ほど、ジム2階の合宿所で共同生活をおくったこともある。

「年の差なんて感じたことはありませんでしたね。エディさんが僕に合わせてくれるんですよ。僕の知らない昔のボクサーのこととか、いろんなことを話してくれました」(井岡)

17歳でデビューした井岡は、わずか8戦目で日本タイトルを獲得。その3カ月後の87年10月には、わずか9戦目にして期待通り世界タイトルを手中に収めた。18歳9カ月の若さでの戴冠だった。

前後してエディさんの体調に異変が生じる。ガンに蝕まれていたのだ。手術を受け、体力が落ちているにもかかわらずエディさんは愛弟子が走り込んでいる南紀白浜のキャンプにも行き、ジムにも顔を出した。すべて翌年1月31日に決まった初防衛戦のためだった。

この時、すでに身内は医師から「年越しは難しいかもしれない」と宣告されている。

東京の自宅に戻って療養生活に入ったエディさんのもとには毎日、井岡から電話がかかってきた。19歳になったばかりの世界チャンピオンは自分のことよりも老師のことを心配していたのだ。

井岡の練習風景を撮影したビデオが届くと、トレーナーの血が騒いだ。

「弘樹、これじゃダメよ。僕、これから大阪に行く」

医師の猛反対を押し切って大阪入りしたのは試合の2週間前だった。百合子夫人が付添い、ワゴン車の後方をベッド代わりにして、緊急用に酸素ボンベも積み込んだ。死を覚悟の上阪だった。

エディさんはかつて井岡と寝食をともにしたジムの2階に寝泊まりし、車椅子で毎日ジムに顔を出して愛弟子のトレーニングに目を光らせた。

試合当日もストレッチャーに瀕死の体を横たえて井岡の控室を訪れている。体調が急変、病院に収容されたのは試合直前のことだった。やがて混濁する意識の中、井岡の勝利を知らされると安心したかのように息を引き取ったという。

「2月1日になってすぐ、午前1時ちょうどでした。弘樹の試合がある1月31日までは絶対に死なない、と気力を振り絞っていたんでしょう。そして弘樹が勝った1月31日にも絶対に死んじゃいけないと思っていたんでしょうね」（百合子夫人）

脇役にして他を圧する存在感。名利を追うことのなかったカリスマが貫いたのは、最後まで「ハートのラブ」だった。

◆エディさんとの思い出◆

引退した赤井英和を取材するためグリーンツダジムを訪ねたときのこと。昼間、閑散とするジムで黙々とサンドバッグを叩く細身の少年がいた。「マイボーイ、この子は絶対に世界チャンピオンになるの」。そう微笑んでいたエディさんの姿が印象に残っている。カメラマンに依頼して、まだ16歳だという練習生をフィルムに収めた記憶がある。井岡弘樹がエディさんの予言を現実のものにしたのは、それからわずか2年後のことだった。

奥田精一郎——イトマンスイミングスクール名誉会長

水泳界を牽引する名伯楽の「ツキ」と「出会い」

おくだ・せいいちろう　1920年4月2日、大阪府茨木町（現茨木市）に生まれる。茨木中（旧制）時代は主に水球で活躍、日本代表にも選ばれた。42年に早大を繰り上げ卒業して戦地へ。復員後に指導者の道に入る。山田スイミングクラブのコーチを経て、73年に早大の後輩で商社「伊藤万」社員の塩川美幸氏が設立したイトマンスイミングスクールに移り、代表権を持つ会長に。現在は名誉会長。

良い予感、良い出会いを、より多く持った人間が勝つ。これがツキの原則

イトマンスイミングスクールという組織がある。

大阪にある本部・住之江校、上小坂校を頂点に、全国で直営のスクールが31校、提携校が71校。チェーン店の全国展開のように拠点を増やし、国内最王手として競泳界に君臨するマンモスグループだ。老若男女合わせて約6万人に及ぶスイマーたちが、イトマンのプールで泳いでいることになる。

イトマンは特に子供の育成に優れた力を発揮する。若年層を対象として春夏に開かれる全国ＪＯＣジュニアオリンピックカップの上位には毎年、イトマン所属選手の名前がずらりと並ぶ。その実績は、輩出した選手を見ても一目瞭然だ。千葉すず、青山綾里、中尾美樹、山本貴司ら新旧の五輪代表。この夏のアテネ五輪を目指す女子背泳ぎの寺川綾もいる。

上位団体である日本水泳連盟も、代表選手の大きな供給源であるイトマンに一目も二目も置いている。その様子は何やら、中央の能吏たちが地方豪族の武力を頼みとしながら、一方でその軍閥化も恐れる、といった図式を連想させる。結束が固く、身内意識が強いイトマンは、どこか周囲とは異質な集団にも見える。モスクワ五輪が開かれた1980年、代表選考会を兼ねた日本選手権をイトマンの選手がそろって棄権したことがあった。出場を求める日本水泳連盟の要請を、イトマン側は「日本が五輪を棄権するのに、選考会をやる意味などない」と突っぱねたのだった。

そんなグループを束ねる総帥、奥田精一郎とはどんな人物なのか。名誉会長になった今も隠然たる力を持つフィクサー。実際に奥田を取材するまでは、そんな重苦しいイメージを頭の中に思い描いていた。

大阪市住之江区の本部を訪ねると、奥田はポロシャツに綿パンというラフな格好で現れた。そしてこう切り出した。

「今日、あんたはツキを持った人間に会いなさった。そのツキを大事にせなアカン。そうやってツキをもたらす出会いを大切になさい。そうすれば、いつかきっと一流の人間になれますわ」

奥田は腰が軽い。84歳とは思えない。かくしゃくと動く。

事務所にいると、子供たちが「オッチャン。来てよ」と寄ってくる。奥田は「おー、今日は何がしたい？」と立ち上がってプールへ向かう。子供たちに向ける視線はどこまでも温かい。

読書家でメモ魔でもある。新聞を読むのに、今も老眼鏡を必要としない。「経験則が大事」と話し、老いの一徹を感じさせる一方で、常に新しいものを求めて本を乱読する。運動生理学、心理学、外国勢の最新トレーニングを紹介する新聞記事にも目を通す。

見聞を広めるうちに、魚が跳ねるようにインスピレーションが閃く瞬間があるという。放っておくと、その魚は忘却という深海へ潜ってしまう。だから奥田は、釣り糸を垂らす代わりに紙とペンを手放さない。うつらうつらと眠っているときにも、その魚は浅瀬を遊泳するように近くへ寄ってくる。そこで奥田は枕元にも必ずノートを置く。

名誉会長になっても腰は軽い。子供たちが寄ってくるとプールに向かう

そうやって貯まったおびただしい量のメモの一つに、

「ツキとは、出会いである」

とある。

「良い予感、良い出会いを、より多く持った人間が勝つ。これがツキの原則」

「ツキのない人の努力は開花しない。ツキのない人は、いずれ努力することに疲れ、ツキのない人生に納得してしまう」とも。

運命論ではない、その逆だと奥田は言う。人の成功を約束するのは先天的な才能ではない。人とは後天的、偶発的に出会う何かを触媒にして、眠った素質を覚醒させるもの。つまり「化ける」ものである。出会う対象は、人であったり本であったり体験であったりする。自分を成長させてくれる偶然に対して、常にセンサーを働かせなさい、と説く。

チャンスの神様には前髪しかない、とよく表現される。チャンスとは、それと気づいたときはもう遅く、背後から追っかけても前髪に手は届かない。奥田の言う「ツキ」や「出会い」も、それと同じなのだろう。

素材にほれ込むと親元へ飛んで頭を下げる

これまでの生涯も、奥田は「ツキと出会いの連続だった」と振り返る。

1920年4月2日、奥田は大阪府茨木町（現茨木市）の造り酒屋に生まれた。茨木小学校在学時代、同校の教員にベルリン五輪バスケットボール代表のマネジャー、阿津猛がいた。進学した先の茨木中学（旧制）で水泳部に入部、ロサンゼルス五輪の全日本競泳コーチだった杉本伝に教えを受けた。一流の指導者二人から薫陶を受けたことは、奥田少年にとって何物にも代え難い財産だった。

背泳ぎの選手としても活躍したが、中学時代に日本代表に選ばれたのは水球の選手としてだった。前途は洋々に見えたが、やがて戦火が迫ると、奥田の選手としての将来は閉ざされた。出征は42年。早大を繰り上げ卒業して最前線へ。陸軍第七飛行師団司令部付としてインパール、セレベス、ネグロス、北ボルネオなどの激戦地を転々とした。

司令部周辺への爆撃の雨のなかを逃げまどい、逆に爆撃機に乗って決死の物資投下もした。予備士官学校時代の同窓生たちは全員戦死。「偶然、本当に偶然生き残ってしもうた。司令部付だったのも幸いした。これもツキやなあ」と奥田は言うが、近しい知人にこうも漏らしている。

「生き残るのもアタマ次第。タコツボみたいなところに潜んだり、空襲からの逃げ方というのがある。敵さんも弾がもったいないから、一度爆撃したところは放っておくやろ。だから昨夜に爆撃された跡地とか死体のあるところに逃げるんや」

奥田らしい機知だった。同時に、草でも刈るように人間を死へと追いやる戦争というものに、奥田は何の価値も大義も見いだしていなかったのだろう。

「残された人生、せめて好きなことに身を投じよう」

苛烈な戦争体験を経て水泳への腰は定まった。が、ほどなく失望も味わった。64年の東京五輪に先立って近畿ブロック強化委員長に選ばれながら、「周りの顔ぶれを見ると、かつての名選手がえらそうに椅子に座っとるだけ。これじゃ勝てない」と大きな声で体制批判したことが仇《あだ》となり、五輪開催の前に委員長の座を追われるはめに。

ツキが向いたのは、ロート製薬の当時の社長、山田輝郎と出会ってからだ。65年、山田が私財を投げ打って設立した山田スイミングスクールの顧問に就任。早大の後輩で当時は駆け出しのコーチだった加藤浩時（現イトマン専務）の後見的な立場に身を置いた。

山田SSはスイミングスクールの草分け的な存在。全国から健康優良児を集めてプールを提供し、競技の間口を広げつつ世界に通ずる英才を育て上げる、当時としては革新的な目的を掲げていた。加藤の指導の下、西側よしみ、青木まゆみといった才能が育ち、72年ミュンヘン五輪では青木が金メダルに輝いた。山田SSの「出藍の誉れ」は、奥田にとっても加藤を介した孫弟子の快挙だった。

当時、奥田は山田SSなどで指導をする傍ら、家業の酒屋も営んでいた。現日本代表監督の青木剛もアルバイトとして蔵に出入りした。青木の回想によると「奥田さんは、ジェントルマンでおしゃれな人という印象だった。でも酒屋なのに酒を飲んでいるのを見たことなかったなあ」。酒造りにさほど身が入らなかったことは奥田も認める。「小さな造り酒屋がなんぼ頑張っても『月桂冠』には勝てません。やるなら一流を目指さんと。水泳なら、それができる」。

73年、奥田の早大の後輩で商社・伊藤万の社員、塩川美幸（現会長）が社命を受けてイトマンスイミングスクールを設立。奥田も家業をたたんで加藤とともに馳せ参じ、初代会長に就任した。早大OBの三人組によるこの強固なスクラムは、今に至るまでイトマンの背骨を成した。

山田SSから人材とノウハウを抽出し、その衣鉢を受け継いだ形になったイトマンは、会員を募ってスクールを増やしていった。活動領域を押し広げていくことで経営安定と競技普及の双方を実現しつつ、その広がった土壌から能力のある子供を掘り起こすという「一挙三得」の手法を取った。営業は社長の塩川、強化は加藤が担当。二人を両輪とするなら、その橋渡しをする奥田はハンドルの役回り。石油ショックのあおりを受けた経営難の時期を乗り切ると、各地で開校が相次ぎ、グループの輪が一気に広がった。

「情熱、周到さ、トップスイマーを見分ける眼力」を自らの武器と頼む奥田は、いわゆるゼネラルマネジャーとして椅子にふんぞり返るのを好まなかった。芋を洗うように子供たちが水しぶきを上げるプールを求め、全国を行脚した。その鑑定眼の確かさは、つとに有名だ。素材にほれ込むと親元へ飛んで頭を下げる。

小学六年生だった千葉すずの大きな泳ぎを見初《みそ》め、仙台から大阪の寮に引き取った。思わぬ足元に宝物が潜んでいたこともある。山本貴司の実家は住之江の本部から歩いて数分のところにあった。小児喘息組からスタートした山本は、その後めきめきと頭角を現した。

褒めてその気にさせるのも奥田流。選手をしかるコーチを見ると「お前が悪い。謝れ」と怒鳴りつけ、選手には「オッチャンが悪かった。また頑張ろう」と優しく語りかける。

今は夫婦になった千葉と山本を、奥田は練習でよく競わせた。千葉は自由形、山本はバタフライが専門で、ちょうど自己ベストタイムが同じくらい。

「同じ種目のライバルに負けたら、へこむやろ。種目も性別も違う二人なら、ええ格好しようと張り切るやろ」

日本中に網を広げてイキのいい大魚をせしめ、「一介の指導者が経営者としても成功した。これは自慢できる」とうそぶくが、子供たちの目には「気のいいオッチャン」と映る。水泳教室に通う普通の子も熱心に指導し、手品で笑わせ、心を通わせる。

「子供が好きで好きで。(トップの地位にいる)自分が本気で指導をするところを見せれば、親御さんも喜んでくれる。会員に気に入られてなんぼ。客商売、営業精神ですわ」。商売っ気と人情味をミックスさせた奥田の浪速節が、イトマンを育んだ。

マラソンの小出義雄と高橋尚子のように。そういうコーチを育てるのも自分の仕事

今、町のクラブや道場の存在が学校体育に代わるスポーツの担い手として注目されている。そのずっと以前から、水泳界はスイミングスクールという独自の寺子屋を津々浦々に設けてきた。牽引車たるイトマンの功績は大きいが、五輪の金メダルにはまだ手が届かない。

若年層の発掘・育成の分野では他の追随を許さないイトマンだが、選手を成熟した大人に導く作業は苦手とされる。あるいは、そうした風評は奥田自身にも当てはまるのかもしれない。「奥田さんは過保護。かわいい子に旅をさせられない」と声を潜めて語る者もいる。

一定の年齢、レベルに達すると伸び悩む選手が多く、なかにはイトマンという囲いそのものに窮屈さを感じる者もいる。千葉すずは自由な練習環境を求めてカナダへ渡り、2000年シドニー五輪代表選考で落選。それを不服としたスポーツ仲裁裁判所（CAS）への提訴が棄却されると、イトマンに戻ることなく引退を決意した。山本貴司もトレーニングの拠点をカナダに移し、今はイトマンと距離を置いている。

コーチ陣の人材不足も指摘される。イトマン創成期からのメンバーである加藤浩時はグループきっての腕利きに違いない。その指導を受けた中尾美樹はシドニー五輪で銅メダルを獲得した。しかし、加藤に続く若いコーチはいまだ台頭してこない。少なくとも、奥田の眼鏡にかなう人材はいないらしい。

奥田自身も指導歴が半世紀を超える名伯楽だが、若いコーチの頭越しにトップ選手の世話を焼くには身分が高くなりすぎた。「奥田さんは僕の恩人の一人。後ろ盾となってフォローをしてくれた」と加藤が謝意を表すように、本来は前線の旗振り役より後方の司令官に向いているのだろう。組織と環境は整えた、後は血の通ったコーチと選手の共同作業に任せるべきだと、奥田もわきまえる。

「マラソンの小出義雄と高橋尚子のように。そういうコーチを育てるのも自分の仕事」

戦争の記憶が頭に焼き付いた奥田は、今も飛行機に乗ることへの恐怖があるという。選手と一緒に海を渡りたくても渡れない。五輪や世界選手権の際も現地へ赴くことはない。おそらく、この夏のアテネへも。

競泳を登山に例えるならば、奥田の仕事は山を仰ぎ見るたくさんの子供たちに、実際に山を登ることの楽しさを教えてあげること。才能のある子を山の中腹のベースキャンプ地まで導くこと。そこで山頂へ挑むに足る精鋭部隊を編成し、ルートを教え、万全の状態で部隊を送り出すこと。成功を祈ること。できるのはそこまでだ。

選手と命綱で結ばれ、苦楽をともにし、岩肌にしがみつきながら、ついには世界の頂点へと登り詰めていく。そうした仕事は別の人間がやるべきこと。奥田が選手とともに山頂に旗を立てることも、名誉を分かち合うこともない。

それを知りつつ、奥田は笑う。

「戦争で生かされ、折り返し地点を過ぎてからの人生にこんな喜びが待っとった。僕にはきっと死ぬまでいろいろな出会いがあんねん。これほどツキのある人間はようおらん」

「子供というのは、ホンマ素晴らしい。今な、女子で面白い子がおってな。まだ中学生だから全国的には無名だけど、おかげでもう一勝負という気になれる。まだやるんか、えらいオッチャンやな、と言われたい」

老いらくの恋ですわ、と呵々大笑。枯淡の境地からはほど遠い。しわくちゃになって笑うその顔が、不思議と美しく見える。奥田自身が泳ぎを覚えたばかりの無垢な子供であるかのように、かわいらしく見えるのだ。

◆記者が見たリーダーの素顔◆

奥田さんへの取材には、ちょっとしたスリルがあった。あちらこちらへと話が飛び、質問する間をなかなか与えてくれない。会話のキャッチボールというより、ノックを受けている気持ちになった。奥田さんは、頭のなかで瞬く光をそのまま伝えようとしているのだろう。すべてを理解できるはずもないが、「なるほど」とひざを打ちたくなる言葉もあり、刺激的で楽しい時間だった。メモを走らせていると、「君、そんなペンじゃ書きにくいやろ」。同じボールペンが数十本も入った大きな封筒から、1本を取り出して私にくれた。とても使いやすいペンだった。

加藤広志――前能代工高バスケットボール部監督

〝速攻〟の監督禅譲で進化した「平面バスケット」

かとう・ひろし　1937年4月25日、秋田県藤里町生まれ。小学校からバスケットボールを始め、能代工高、日体大でプレー。大学を卒業した60年に保健体育教師として母校に赴任、同時にバスケットボール部監督。高校総体は7連覇を含む優勝11回、国体11回、全国高校選抜11回と計33回の全国制覇を成し遂げた。90年からは教え子の加藤三彦監督にバトンタッチした。同校の教頭、校長を経て98年に定年退職。現在、能代山本スポーツリゾートセンター「アリナス」館長を務める。

コート内をひたすら走り回る「平面バスケットボール」はこうして生まれた

ＪＲ秋田駅から奥羽本線に乗り、東能代駅から日本海沿いを走る五能線に入って一駅目、ＪＲ能代駅。ここのプラットホームにはバスケットボールのリングが設置されている。

快速列車「リゾートしらかみ号」は夏の間、能代駅で5分間停車する。そして即席のフリースロー大会が始まる。老若男女問わず、列車を飛び出してきた笑顔の乗客は駅員からボールをもらい、リングを狙って放る。

能代はバスケットボールの町だ。古くは秋田杉を全国に送り出す林業で栄え、スポーツならば「鬼

に金棒　小野に鉄棒」の五輪金メダリスト、小野喬を輩出したことで知られた体操の町。そんな町をバスケットボール一色に染めたのは、地元の能代工高バスケットボール部を日本一の常連校に築き上げた一人の熱血教師の奮闘努力だった。

1960年、東京の大学を出て母校に帰ってきた新任教師は校長に向かってこう宣言したという。

「能代工のバスケットボールを秋田工のラグビーのように日本一にしてみせる」

東京帰りでその意気高し、といったところだったかもしれない。生意気だと怒られもしなかったが、「日本一」の言葉を真に受ける者も少なかった。「若いうちはそんなことを言ってみるもんだが、そんな夢もしぼんでくるもんだ。いつかわかるよ」と、冷ややかに見つめる先輩もいた。

だが、新米教師、加藤広志はあきらめなかった。青森との県境も近い、世界遺産白神山地に抱かれた山村の生まれ。「山奥の分校育ちのお山の大将」。まさに天を衝くようにそびえ立つ秋田杉さながらの心意気で、生徒と真っ正面に向き合い、夢を実現した。

2003年、能代工バスケットボール部は夏の高校総体（インターハイ）、冬の選抜大会（ウインターカップ）を制した。能代工単独で秋田代表を組む国体優勝と合わせた全国制覇は通算55回を数える。試合会場に掲げられる横断幕は「必勝不敗」。高校バスケットボール界有数の強豪校である。

日本一を目指すヒントをつかんだのは監督就任2年目の東京遠征だった。花のお江戸にちょいと足を延ばして、と格好いいものではない。なお雪深い能代から夜行列車に乗り込み、客車の床に新聞紙を敷いて全員雑魚寝で南下した。

日体大の先輩が監督というだけで合同合宿を無理やり頼み込んだ練習の相手は、当時高校総体二連

89年の高校選抜で退任後も全国制覇は続く（左端は加藤三彦、月刊バスケットボール提供）

覇中の中大杉並。１８０センチ超の長身センターによる洗練されたポストプレーでゴール下を支配し、着々と得点を重ねる都会派チームだ。

高さで劣る能代工はまるで歯が立たず、連戦連敗だった。田舎集団ではやっぱり勝てないのか、と加藤は途方に暮れた。ただ、言葉を失いながらもコートから目は離さなかった。何か東京土産を手に入れないことには、能代に帰れない。

「藁《わら》にもすがる思いで試合を見ているうちに気がついた。弱いところばかりだけれども、うちの子はコートにこぼれたルーズボールの支配力では圧倒していた。床にころがるボールに相手より早く飛びつく。ああ、胴長短足の分、床までの距離は近いんだなあ、と」

体は小さいがあきらめずにボールを追う精神力。試合を重ねるうちに負けの点差は少しずつ縮まった。北国の長い冬に耐えて鍛えられた根性は生半可なものではない。加藤はひらめいた。

「高さではどう頑張っても負ける。背ばっかりは伸ばせといって何とかなるものでもない。ならばゴール下の攻防は頑張らずに捨ててしまおう。バスケットボールのルールでは得点されれば自動的にマイボールになる。でっかい相手が得点して喜んでいるスキに素早くボールを運んで、がら空きのゴールに入れ返せば、なんとか互角に戦えるのではないだろうか」

高さにものを言わせて頭の上から得点されるならそれも結構。ただ、黙って指をくわえてボールが相手ゴールに運ばれるのをながめてはいない。徹底した守備で相手のボール保持者にことごとく圧力をかけて、いざ球がこぼれるや死にものぐるいで拾い、即座に攻めに転じる。無駄を覚悟でコート内をひたすら走り回る「平面バスケットボール」は、「拾って速攻」を試合開始から終了まで繰り返し、「立体」を倒す。小よく大を制する、のである。

他を圧する脚力を養成するには、猛練習が必要だ。選手を鍛える前に加藤が重視したのが、マネジャーの養成。教員としての仕事も抱える加藤は、練習のすべてに目を通すことはできない。そこで試合に出る5人に次ぐ実力者をマネジャーに指名、監督代行の権限を与え、監督不在時の練習の指揮を執らせた。一般的な雑用係としてのマネジャーでなく、主将よりチーム内で序列が上のマネジャーが加藤の分身となった。

また、考案した「平面」スタイルを高校3年間という時間に縛られずチームとして継続的に強化、熟成させていくのに、加藤は一計を案じた。

「自分たちの代で勝った、負けたで君らの高校生活は終わりじゃないぞ。後輩たち、下の代を鍛えてから卒業しようじゃないか。能代の伝統をつくっていくお前たちの練習試合のスコアブックをオレは一生大事に、宝物にするつもりだ」

公式戦を終え、バスケットボール部を引退となった三年生を口説いてやる気を引き出し、卒業間際まで練習に駆り出した。大学入学まで羽を伸ばす暇もなく、卒業生は二年生以下の新チームに胸を貸す。旧チームと新チーム、両者とも能代工が目指す「平面」スタイル。下級生は、先輩チームを乗り越えようと頑張っているうちに急速に力をつけて、チーム力はもう一段高いレベルへと到達する。

いまではOBの練習参加は大きな広がりをみせて、能代工の恒例行事となっている。インターハイなど全国大会直前ともなれば、大学や実業団で活躍する国内トップレベルのOBが能代工の体育館に駆けつけ、現役に稽古《けいこ》をつけて大会本番に送り出す。

能代工にとって初の全国制覇は67年の埼玉国体。試合終了まで残り3秒の逆転シュートによる劇的な初優勝だった。その後、加藤は腎臓を患い、監督生活のピンチもあったが、それを乗り越えて座ったきりの練習指導になってからも能代工の快進撃はとどまることを知らず、逆に勢いは増した。

「指導者は燃えるような熱い情熱がなければ駄目だ」が加藤の持論。ただの情熱、冷めた情熱では意味がない。バスケットボールに心を焦がし、寝食忘れて打ち込む、時にこっけいと映るほどに燃えさかる熱い情熱だ。指導者がまず誰よりも燃えていなければ、選手の魂に火をつけることなどできないではないか――。

加藤広志

退任後は手伝ってやりたいと気をもみながらも現場に一切介入しなかった

学生スポーツの世界で、情熱的指導者が一代で「王国」を築き上げる例はある。が、多くの場合、そのカリスマ的リーダーを失うと、いきおい王国は衰退してしまう。能代工バスケットボール部を一代で名門に仕上げた加藤広志の稀有な才は、監督の禅譲における〝速攻〟ぶりにも表れた。

「まだ49歳ではない、もう49歳か」。79年から続けていたインターハイの連覇が86年、石川・七尾に敗れて7でストップ。心ひそかに狙っていた10連覇が再びはるか遠くとなり、勝ち続けるうちに勝負師には決して許されぬはずの甘えが心奥に巣食っていたのに気が付いた。

「七尾は、同じ日本海に面した県とはいえ、列車で随分かかるにもかかわらず能代に来て、一緒に合宿した学校だった。猛練習の後、宿舎では教科書を広げて勉強している七尾というまじめな学校を、私は自分のチームのようにかわいいと思っていた。もちろん、試合で私情をはさんだつもりはないけれど……。油断だった」

50歳を前に後継者を指名した。80年に高校三冠を達成したチームの主将、加藤三彦。攻防の切り替えの速い平面スタイルを継承、さらに発展させていく人材としては、戦術をよく理解した教え子がやはり適任だった。

三彦は当時、実業団の秋田いすゞでプレー、選手として脂が乗りきった20代真っ盛り。加藤の頭には数人の後継候補の名が浮かんだが、あえて一番若い三彦に白羽の矢を立てた。

「ちょうど彼は日本代表でもレギュラーになって『さあこれから』の時期だった。血気盛んでまだまだエネルギーを消耗していない。選手の尊敬を集めるだけの力量は備えているのだから、あとは日本をしょって立つんだという熱意や若さを高校生の指導にぶつけてくれればよかった」

三彦は高校時代から勝負運もあった。こちらはレギュラーを落とすつもりでやらせた〝ロングシュート勝負〟で予想外のシュートを立て続けに入れてレギュラーの座を勝ち取ったり、大試合の正念場で決勝シュートも決めていた。勝負師にはこうしたツキの強さが欠かせない。

後任は三彦に、と思い定めた最後の決め手は誕生日。三彦は5月5日生まれ。「日本一のバスケットボール部の監督なのだから、誕生日も国民のみなさんに祝福される者がいいだろう」。

教員採用試験を合格して能代工に赴任した三彦を87年からアシスタントコーチとして横に座らせ、現場修業を積ませたのちに90年には監督の座を完全に譲ってしまった。

三彦が来てまもなく、加藤は自動車学校に通った。「バスケットボール一筋で多忙にまかせて取り忘れていた運転免許を取ろうと思い立った」というのは表向きの口実にすぎない。加藤はあれだけ愛したバスケットボールのコートから無理やり足を遠ざけることにしたのだった。

「私がそばにいたんでは、選手がみんな、『大将』の私の方を向いてしまい、三彦がお客さんになってしまう。最初二人でコートに立った時、あれほど元気でよくしゃべる三彦が無口になっていた。ああ、これはいかん、とすぐに思った」

断腸の思いでコートを離れ、監督を譲ってからは体育館に足を踏み入れるのも遠慮し、時折こっそりと窓からのぞくだけ。散歩を装って体育館の外を歩きながら、ボールがはずむ音、シューズがきゅっときしむ音に耳を澄ませていると、練習の雰囲気、チームの好不調が手に取るように分かる。

手伝ってやりたいと気をもみながらも現場に一切介入しなかった。能代工の試合は必ず観戦に出向くが、チームと宿舎は別にした。現監督の成長を祈る前監督として、口を出すよりじっと我慢を貫いた。

税理士の集まる講演会に呼ばれ、その席上で言われたことがある。「『もう息子の時代ですから』という経営者は山ほどいるけれど、よくよく話を聞いてみると実印は自分が握って離さないという人がほとんど。加藤さんはよく、全部を後継者に渡せたねえ」。社長の座を譲った会長が、すべてを後任に預けることがいかに難しいか。

「日本人が世界で戦うにはこれしかないという武器」は真面目さ、そして勤勉

能代工の全国制覇は、加藤が33回までを成し遂げ、三彦の代になっても55回まで伸び続けている。我が子同然のチームの優勝をただ見守り続けて、その喜びのみを〝創業者利益〟として享受する潔いファウンダーが、輝かしい能代工の戦績に一本の筋を通している。

これだけの強豪校となれば、選手の体格、才能に恵まれなかった時代はすでに過去のもの。いまでは全国から入部希望者が集まるようになった。それでも偉大な前監督を引き継いだ三彦は「能代のバスケットボールはスタイルの継承」と主張し、伝統を守る意志は明確だ。

脚力を生かし、惜しみなく走り、ボールに飛びつくプレースタイル。精密機械のように正確なシュート。「日本人が世界で戦うにはこれしかない、という武器」（三彦）は真面目さ、そして勤勉。国内に豊かな資源を持たない日本がかつて、世界に存在感を示す経済成長を遂げた原動力となった強さの原点というべき精神文化をコートであますことなく表現している。

日本人自身でさえ忘れかけた「日本人らしさ」。日本海に面した能代の地で磨かれた懸命の戦いぶりは見る者に不思議な共感を呼び起こし、心を打つ。無駄を惜しまぬプレーからは、「挑戦する前にあきらめてはいませんか」という問いが発せられている。そのせいだろうか、能代工の試合は、国内トップレベルの実業団の試合をはるかに上回る日本一の観客動員力を誇る。

加藤のバスケットボール指導者としての「燃える情熱」の遺伝子は母校だけにとどまらず、各所に息づいている。2003年末から2004年初めにかけて、日本のバスケットボールシーンは加藤の教えを受けた指導者が独占する形となった。

2003年12月には、三彦が率いる能代工がウインターカップを優勝した。年が明けて全日本総合選手権。女子優勝のジャパンエナジー監督の内海知秀、男子決勝で激突したトヨタ自動車の小野秀二、アイシンの鈴木貴美一の両監督は、いずれも加藤が自らの後継者を決めるに当たって脳裏に浮かんだ教え子たちである。

そのうちの一人、内海は女子の日本代表も指揮して、1月のアジア選手権（仙台）に中国に次ぐ準優勝、2大会ぶりとなるアテネ五輪出場を決めた。高さで圧倒的不利が予想された準決勝の韓国戦、2度の延長となった激戦を制して五輪切符を獲得。

能代工出身で初の五輪代表監督が誕生した瞬間もまた、加藤は客席からじっと見守っていた。

加藤広志

◆記者が見たリーダーの素顔◆

「みなさんのお役に立てるお話ができるでしょうか。もう引退した身ですから」と遠慮ぎみに取材は始まったが、バスケットボールの話になると止まらなくなった。燃えたぎる情熱は今なお健在。それでも、能代工の試合を見守る加藤広志さんはテイ夫人と並んで客席に座り、ぎゅっと唇を結んでいる。聞きなれた声がベンチに届くだけでも邪魔になる、との気遣いからだ。「試合前夜、三彦監督と戦術などを話し合うんですか」と尋ねると、首を振り、「勝負師に邪念を与えてはいけませんから」。たまったエネルギーはどこへ、と心配だったが、山登りで発散しているそうだ。毎年欠かさず見続けているインターハイ。旅しながら大会前後に全国各地の山を歩くのが加藤夫妻の楽しみとなっている。2003年の長崎インターハイ前には九重山。これもまたバスケットボールとはひと味違った高さへの挑戦だろうか。

終章

名将の名将たる所以は名将しか知り得ない

大西鉄之祐——元ラグビー日本代表監督

寄稿・宿澤広朗氏（前日本ラグビー協会強化委員長）

「闘争の倫理」とは真剣勝負の中でのフェア精神

おおにし・てつのすけ　1916年、奈良県生まれ。早大時代は名フランカーとして活躍。戦後三度にわたって九年間、早大ラグビー部監督に就任し、その度に低迷にあえぐ同部を再建した。日本ラグビー協会理事、日本体育協会理事・アマチュア委員長などを歴任。66—72年日本代表監督。「接近、連続、展開」の理論を唱え、イングランド代表と大接戦を演じるなど日本ラグビーを国際舞台に引き上げた。早大名誉教授。95年9月、胸部大動脈瘤のため79歳で死去。

チームには監督と主将という二人のリーダーがいる。ラグビーでは試合中、監督が細かな指示を与える習慣はないから、役割分担は明確だ。キックオフからノーサイドまでは主将がリーダーの役割を担う。監督は主将を含めた選手をグラウンドに送り出すまでのリーダーである。

私が早大主将だった1972年度、大西鉄之祐は日本代表の監督であり、全盛時代の早稲田ラグビーの戦略立案・決定者であり、早大の〝陰の監督〟でもあった。

監督と主将の関係は、主と従ではない。むしろ対等関係に近い。監督の立てた戦法や戦術は、主将に理解されて初めてゲームで生かされる。選手は納得していないことについては一〇〇％の力を発揮せず、戦法は実践されないのである。

大西の指摘はいつも具体的で理にかなっており、わかりやすくメモに書かれていた。「明大のディフェンスは飛び出しが早いから、（ディフェンスラインの裏に出るために）常にフルバックがライン参加しろ」「日体大戦は何人飛ばしてもいいから早くウイングまでボールを回せ」。豊富な情報と的確な分析、緻密《ちみつ》な研究の裏付けがあった。

「これなら勝てる」と思うことをチームに浸透させるのは難しくない。実際、プランに従って試合を進めると、想定された通りの展開になる。十五人の戦士が大西の〝魔術〟に踊らされているような錯覚を覚えることもしばしばだった。

大西の精神論は「精神論至上主義」とは異質だった

一度、厳しく叱られたことがあった。日本代表の一員として、英国遠征に参加した時のことだ。練習前、スパイクが汚れていたことで「心構えがなっとらん」と大目玉をくらった。試合の前日には、水杯を交わしてから選手にユニホームを渡す。精神的な〝儀式〟も大切にした。

だが、大西の精神論は、一時、日本のスポーツをだめにした「精神論至上主義」とは異質だった。あくまでも理論と戦法を補強する手段にすぎず、集中力を高めるためのものであった。

監督にはそれぞれ指導のベースとなるものがある。平尾誠二（前日本代表監督）は高校、大学、社会人の各チームで日本一を経験したこと、私の場合は八年間の英国生活である。大西の背景にあったのは戦争体験と反戦思想にほかならない。

「（国の代表チーム同士の試合である）テストマッチは戦いである」とは、戦争体験のない人間でも理解できる。ただ、大西の理念はそれにとどまらなかった。スポーツを通じた国際交流、真剣勝負の中での真のフェア精神である「闘争の倫理」を教えることがスポーツ指導者の役割であると常に考えていた。

当然ではあるが「勝つこと」には非常にこだわりを持っていた。勝てる試合を落とすと表情を厳しくする。悔やむのではなく、次に勝つためにはどうすればいいかを思案していることが多かった。一方で、すんなり負けを受け入れるときもあった。「闘争の倫理」に満足した場合だ。

大西の言葉にはいつも同じ響きがあった。「スポーツこそ民主主義社会の基礎ではないか」。クラブを運営するボランティアの精神、協調性……。スポーツを歴史、文化、宗教など多面的なかかわり合いの中で考え、社会を構成する重要な要素ととらえていたところに、死後八年近くを経過してもなお語り継がれる大西魔術の奥深さがあるのだろう。

先代二子山親方・花田勝治

一番怖いが温かい「土俵の鬼」

寄稿・**間垣勝晴氏**（元横綱　二代目若乃花）

はなだ・かつじ　初代横綱若乃花、先代二子山親方。1928年、青森県弘前市出身。46年11月場所、当時の二所ノ関部屋から初土俵。58年1月に横綱に昇進。「土俵の鬼」の異名を取り、「名人横綱」と呼ばれた栃錦とともに栃若時代を築いた。優勝10回、62年3月に現役引退。二子山部屋を創設後、二横綱（2代目若乃花、隆の里）、2大関（貴ノ花、若嶋津）を育成。日本相撲協会理事長、相撲博物館長も務めた。

伝統を守っていくことが、大相撲の生きる道だと私は信じている。師匠の先代二子山親方（元横綱初代若乃花）は、原点に戻ることこそ改革であると説いていた。「相撲社会がどういうふうに変わっていくかではなく、どう変わっていかないようにするかが大事だ」と。

「土俵の鬼」と呼ばれたように、先代の厳しさは広く知られている。弟子を殴ったり、けったりすることはまずなかった。しかし、たったひと言で私たちを震え上がらせるほどの貫録と存在の重みがあった。

私が現役時代のある日。深夜の二時ごろまで師匠が飲んでいたことを知っていた我々力士たちは、「たぶん朝は遅いだろう。六時半ごろまで起きないだろうから、いつもより三十分は長く寝ていられるな」とタカをくくっていた。ところが、朝六時前に目覚めると、聞きなれたうなり声をとどろかせ、師匠が歯を磨く音が聞こえてくるではないか。いかにも「おーい、起きたぞー」という感じで……。皆、三階の大部屋から一階のけいこ場まで走り下り、慌ててまわしをつけることとなった。

驚いたのは、その一群の中に、ひざの骨折で一カ月半もギプスをしたまま、足をつり上げて生活していた兄弟子がいたこと。足の痛みも忘れさせるくらい、師匠は怖かったのである。

そんな師匠がいれば、多少の出世で大きな顔ができるはずもない。一人前の関取として扱われるのは、三役に上がってから。だから、皆、関取になっても謙虚に稽古に励んでいた。

新弟子を熱心に集めたが、去る者は追わない主義だった。それでも、多くの弟子が残った。厳しさの一方で、人間味があったからだろう。師匠と接していると、いろんなことを教えられる。それが相撲人として生きる礎にもなった。

「土俵には金も女も埋まっている」という言葉が有名になっている。確かに、そんな言葉を聞いたことがあるし、実際に土俵を掘り返した者もいた。だが、師匠が伝えようとしたことは、そうした欲得を超えた人としての生き方だった。

「裏表のない人間になれ」「礼儀を忘れるな」「義理人情をなくしたらダメ」「出世すればいい、金になればいい、といった風潮に流れてほしくない」――。入門以来、私と隆の里（現鳴戸親方）は、師匠の付け人としてちゃんこの給仕をしながら、そんな話を聞いて育った。
隆の里とは「同郷（青森）、同部屋、同列車（寝台特急ゆうづるで上京）」。ともに横綱になったが、上京した日のことが忘れられない。上野駅から部屋のある阿佐谷に向かう車の窓から、新宿の繁華街が見えた時、師匠が言った。

88年、春日野・日本相撲協会理事長（左）からバトンを受け、土俵の充実や伝統堅持に尽力

「ここは何が起こるかわからないところだから、おまえら、強くなっても絶対来るんじゃないぞ」。期待してくれて、強くなれよ、という師匠のメッセージだと後に思った。その助言にもかかわらず、私はしょっちゅう行ってしまったが……。

師匠は日本相撲協会の理事長として、土俵の充実や伝統堅持に尽力した。そのレールから外れた年寄名跡や巡業の問題に対し、私も体を張ってきた自負がある。理事の一人として、譲ってはならない局面がこれからもあるかもしれない。

思えば、師匠以上に尊敬する人も、怖い人もいない。「おまえの骨は拾ってやる」。口に出しては言わないものの、そんな師匠の声なき声が、大勢に流されてはいけないと、私を勇気づけるのである。

デットマール・クラーマー――サッカー指導者

「日本サッカーの父」の不朽のコーチ学

寄稿・**岡野俊一郎氏**（日本サッカー協会名誉会長）

デットマール・クラーマー　1925年ドイツ生まれ。第二次世界大戦に従軍後、ボルシア・ドルトムントの選手。51年にひざを痛めて引退。コーチを経て、バイエルン・ミュンヘンの監督として欧州、世界チャンピオンに輝く。「皇帝」ベッケンバウアーも教え子の一人。60年に東京五輪を目指す日本代表にコーチとして招聘《しょうへい》され、メキシコ五輪の銅メダルに貢献。指導者育成、日本リーグ発足に力を尽くし、「日本サッカーの父」とも呼ばれる。

指導者に必要な基本的条件は「情熱」「努力」「知識」の三点だろう。

そのスポーツを愛し、チームを愛し、選手を愛することから生まれる情熱。その情熱を選手と分かち合うために自分の考えを選手に伝え、同時に選手の心と考えを理解するための努力。そして指導の基本となる哲学を支える正しい知識。

この三つを併せ持った指導者こそ理想の指導者であり、このような指導者に巡り合えることは極めてまれであるだけに、巡り合ったときの喜びは生涯忘れられない。

彼はそのすべてを持っていた。

１９６０年、初来日した時は三十五歳だった。当時、西ドイツでプロコーチとして活躍していた彼は年収が半減するのを承知で日本協会の招聘を受諾し、四年後の東京オリンピックに向け日本代表チーム強化のために情熱を注いだ。

1960年代、日本代表を指揮した首脳陣。右端から岡野コーチ、長沼健監督、クラーマー（フォート・キシモト提供）

来日するや否や、日本代表チームの合宿している小さな日本旅館に入り、みそ汁をのみ、天丼を食べ、刺し身で三食を過ごした。「ホテルに移ったらどうか」との私の心配に対し彼は言った。「選手と同じ生活をしないで、どうして選手の気持ちが分かるか」と。

選手がけがをすると、彼は自ら薬を調合し、包帯を巻いて処置すると同時に、けがをした部分に負担の掛からないトレーニングを指示した。それはコーチと選手という関係を超え、まさに人間と人間の触れ合いというべきものであった。

来日が決まると同時に彼が始めたのは日本と日本人について書かれた本をできるだけ読むことであった。合宿のミーティングで思いがけない日本語が飛び出し、コーチ兼通訳の私をびっくりさせた。

一番よい例は「ZANSIN」だろう。ドイツ人の彼は「ツァンシン」と発音したので私は理解できず黒板にスペルを書いてもらい、彼が「残心」という剣道の言葉を知っているのに驚かされた。彼いわく、「自分が教えに行く国のことをできるだけ学ぶ努力なしに成功はあり得ないと考えたからだ」。

私は彼の最大の功績は「コーチ学」を日本にもたらしたこと、そして技術、戦術、体づくりにおいて基本的知識がいかに大事かを教えてくれたことだと考えている。

ボールの蹴り方から個人戦術に始まり、個人技能の向上なくしてチーム力の向上は有り得ないこと、作戦は対戦相手との戦力比較によって決まることなど、今日のように進歩のスピードの速い時代において忘れがちな、しかし、もっとも重要な、そして百年たっても変わらない基本を徹底して教えてくれた。そして人間にとってスポーツとは何かという哲学も。

東京オリンピックが終わり離日するに当たって、彼は「強いチーム同士が対戦するリーグの創設、コーチングシステムの確立、海外の強いチームとの対戦、芝のグラウンドの確保」の提言を残した。これがメキシコの銅メダル、そしてJリーグの創設、さらに百年構想の原点と言えるだろう。

彼は数多くの名言を残してくれたが、その中で一番心に残っている言葉を記しておこう。

『Der Sieg über sichselbst ist der höchste Sieg』（自らに打ち勝つ勝利こそ最高の勝利である）

彼の名はデットマール・クラーマー。

あとがき

本書は、2003年4月1日からおよそ1年間にわたって日本経済新聞の火曜日夕刊に連載された「リーダーの力」を加筆して収録したものである。

「リーダーの力」の前には、一流アスリートやチームの挫折を「敗因の研究」で、不死鳥のようによみがえる選手たちの姿を「復活の研究」というタイトルで夕刊運動面に連載してきた。選手やチームから一転して、選手を育て束ねる指導者群像に焦点を移したのは、時代の要請のようなものを感じたからだった。

閉そく感漂う現在の社会状況をどう突破していくのか。ただ、やみくもに頑張っても仕方がない。明確な目標を掲げ、その目標にたどり着くための実践的なノウハウを持ち、人と集団をその目標に向かって邁進させる。そんなリーダーシップを求める「風」は、あらゆる分野でこれから強まりこそすれ弱くなることはない——。

そう感じたからこそ、リーダーシップの在り方を考える上で、スポーツの各分野で活躍する監督、コーチの仕事ぶりを紹介することは意義のあることに思えたのだった。

実際、スポーツの世界とリーダーシップは相性が良さそうだ。一般社会には「出る杭は打たれる」という言葉がある。成員に対して均質化や平準化を求めやすく、率先して何かをやることをスタンドプレーと見る向きもある。先頭に立っても風当たりが強くなるだけだと思えば、何となく属する集団の動くままに身を委ねた方が楽といえば楽。

一方、スポーツの世界は「何となく」では結果は出ない。「勝つ集団」とは絶対的に「勝とうとする集団」である。負け犬根性が染みついた選手や、そこそこの成績でそこそこの対価を得られればそれで良しとする選手が多数派なら、誰かが彼ら一人ひとりの戦闘意欲に火をつけ、常に油を注がないといけない。その役を引き受けるのがリーダーだろう。長期で強化策を練る大局観と、眼前の一つひとつの試合の勝ち負けにこだわる執着とを併せ持ち、味方と同時に強烈なライバルでもある選手間の人間関係もうまく調整しなければならない。

そうした仕事の集積はシーズン終了後には「成績」として明示される。試合中のさい配などは衆人環視の下でなされるから、失敗を糊塗することも難しい。勝者と敗者の明暗は強烈で、勝者を率いるリーダーと敗軍の将との優劣もしばしば「結果」だけで判定される。その器にあらずと烙印を押されれば、たちどころに失職。二律背反に満ちた、シビアな世界であるだけに、余計にリーダーシップが立って見えやすいのだろう。

スポーツの世界で行われていることが、そのまま実社会で使えるのかどうか。そこのところは実はよく分からない。ただ、スポーツのリーダーたちが行っていることは決して特殊なことではないのも確かだろう。

ここで紹介する監督やコーチたちは「オレについて来い」と選手に盲従を強いているわけではない。むしろ、おしなべて選手との対話には積極的で、彼らの意見を自分の中に取り込む努力をいとわない。

自分のやり方を押しつけるより、選手に合った伸ばし方を模索する。

サッカーの岡田武史は「選手が伸びる邪魔をしない」といい、陸上の高野進は選手たちを「頼もしいパートナー」と表現する。そこには上意下達を是とする、体育会的な統制の思想は希薄である。

統治の仕方もさまざまだ。プロ野球の星野仙一のように硬軟自在の形もあれば、サッカーのビセンテ・デルボスケは「普通」に徹することでレアル・マドリードというスーパースター集団を束ねてみせた。シンクロナイズドスイミングの金子正子は、本田技研の本田宗一郎と藤沢武夫の関係を想起させる、井村雅代という資質も性格も何から何まで異なるもう一人のリーダーを同伴者とすることで大きな成果を上げている。

日本の学校教育で、おそらく最も苦手なジャンルがリーダーの育成ではないだろうか。それはある種のエリート教育ともいえ、平等を旨とする空気の中では反発を覚える向きもあるのだろう。

では、どうやって本書で紹介された人たちは指導者としての資質を身につけ、磨きをかけてきたのだろう。そこには、彼・彼女らが心から愛してやまないスポーツが大きく与ったのではないだろうか。スポーツ、特に集団スポーツには、たくらむことなくリーダーを生み、育てる機能があるように思われる。

そういう意味で、彼・彼女らはスポーツを愛し、スポーツに愛される存在といえるのかもしれない。そして、ほんの少しの違いに気づいているのであろう。

与えることより、与えないことの大切さを。

教えることより、教えられることの喜びを。

最後に、今回の出版にあたってチームや選手、選手が所属する企業や球団、学校、クラブに深く御礼を申し上げたい。取材のために、練習などで忙しい貴重な時間を割いてインタビューに応じてくれた指導者、並びに関係者の皆様にも、この場を借りて深く御礼申し上げます。

出版に際して『リーダーの研究』と改題したのは、同じく夕刊に連載し書籍となった『敗因の研究』『復活の研究』に続く「研究三部作」として、シリーズを完結させる考えがあったからです。前二作に関して未読の方は、本作品ともども併せてお読みいただければ幸いです。

2004年3月

日本経済新聞運動部

執筆者一覧

阿刀田寛

石原秀樹

岩本一典

北西厚一

串田孝義

島田健

住谷史雄

武智幸徳

土田昌隆

奈良部光則

野元賢一

原真子

山口大介

吉田誠一

（以上、日本経済新聞運動担当記者）

企業家のセンスで女子レスを五輪正式種目に

今井隅（スポーツライター）

権力を振りかざそうとすると、何も支配できない

杉山茂樹（スポーツライター）

幾多のチャンピオンを育てた「ハートのラブ」

原功（ボクシングライター）

写真提供

共同通信社

AP／WWP

フォート・キシモト

月刊バスケットボール

鈴木 一

リーダーの研究

二〇〇四年四月五日　第一刷

編者――日本経済新聞運動部

発行者――斎田久夫

発行所――日本経済新聞社
http://www.nikkei.co.jp/
東京都千代田区大手町一－九－五
郵便番号　一〇〇－八〇六六
電話　〇三－三二七〇－〇二五一
振替　〇〇一三〇－七－五五五

印刷・東光整版印刷／製本・大進堂

ISBN4-532-16458-3
Printed in Japan

読後のご感想をホームページにお寄せください。
http://www.nikkei-bookdirect.com/kansou.html

敗因の研究［決定版］

日本経済新聞運動部 編

敗者は愚者か？　勝利を約束されたはずの者がなぜ敗れ、何を失い、何を手にしたのか――「ドーハの悲劇」から「長嶋・巨人ラストイヤー」まで、過酷な勝負の陰の主人公に肉薄、内面の苦闘を描き切った三三の物語。

日経ビジネス人文庫　定価七八〇円（税込）

復活の研究

日本経済新聞運動部 編

過去を捨て、一段の高みへ――。早大ラグビー、ゴルフ・中嶋常幸、マラソン・有森裕子……絶望の淵で迷い苦しむ中で、彼らは何と闘い、何を得たのか。自らの弱さを強さに変えた二〇のリターンマッチ。

定価一、四七〇円（税込）